斯 CHEERS

HERE COMES EVERYBODY

与最聪明的人共同进化

CHEERS
湛庐

重新认识谈判

Creative Conflict

［美］ 比尔·桑德斯 Bill Sanders
弗兰克·莫布斯 Frank Mobus 著

马艳 译

浙江教育出版社·杭州

你了解创造性谈判吗？

扫码加入书架
领取阅读激励

- 以下哪项是富有创造力的谈判者秉持的观点？（单选题）

  A."切勿信他"

  B. 有必要创造和谐的谈判氛围

  C. 冲突不可避免，要坦然面对

  D. 争取强势逼迫对方服从己方意见

扫码获取全部测试题及答案，
一起学习创造性谈判的技巧

- 善于处理人际关系的谈判者往往是什么类型的人？（单选题）

  A. 索取型

  B. 互利型

  C. 付出型

  D. 互损型

- 在内部谈判中，最重要的因素是：（单选题）

  A. 双方立场

  B. 人际关系

  C. 部门利益

  D. 谈判时机

扫描左侧二维码查看本书更多测试题

正视冲突，在竞争与合作之间寻找平衡

王崇巍

《哈佛经典谈判术》译者，亦知亦行创始人兼 CEO

苗苗和小强十分恩爱，却在开始谈婚论嫁不久后突然分手了。据说是因为苗苗妈妈嫌弃小强家境不好，彩礼给得不够。

有人说，这说明苗苗还是不够爱小强。这么说的人其实不懂，真正的爱情杀手不是妈妈，是谈判。

谈判和爱情势同水火。在感情里，唯一重要的是感觉。苗苗喜欢小强，喜欢和小强说心里话，看到小强就笑，整天就想和小强腻在一起，什么都不做，犯傻也开心。这是因为当人的大脑处于感性这个认知模式的时候，别的因素都不在考虑范围内，人们唯一考虑的是接纳、支持、和谐和平静。

　　人在谈判的时候，大脑处于一个完全不同的认知模式，充满利益、理性、计算、未来、对抗、冲突、争执、愤怒、拒绝。不难看出，这和感性的认知模式完全相反。理性和感性是两个独立的认知模式，是竞争关系。人在多巴胺旺盛、受催产素主导的时候，会认为"我的都是你的"。当理性思维主导大脑的时候，感性的影响接近零。1981 年，哈佛法学院的罗杰·费舍尔（Roger Fisher）和威廉·尤里（William Ury）在经典谈判著作《谈判力》（Getting to Yes）里提出，谈判者应该"把人和问题分开对待"，"对人要软，对问题要硬"。

　　这是非常好的建议，但真正能够做到的只有患冷血症的人，而这样的人只是利用感情来达到目的，不是真正地感受到了感情。

　　自古以来，理性和感性，短期和长期，一次交易和持续生意，竞争和合作，一直是对立的两极。

　　不管融合这两极有多难，总是有人会去探索。本书的作者弗兰克·莫布斯（Frank Mobus）和比尔·桑德斯（Bill Sanders）用几十年的职业生涯来帮助管理者们理解竞争和合作，在二者之间寻找平衡。这本书汇集了很多案例，是莫布斯多年咨询生涯智慧的结晶。

　　畅销书吸引眼球的最佳方法之一，就是找到合适的目标。两位作者把谈判"圣经"《谈判力》和工业界传奇 W. 爱德华兹·戴明（W. Edwards Deming）作为靶子，否认双赢的存在。

　　我从 2003 年开始进行有关谈判的授课和培训，我的培训基础是将心理学和脑科学作为开展谈判的基础。学术界最大的好处是不崇拜任何权威，无论是人还是概念。双赢是一个很完美的概念，但并没有学者，包括费舍尔，对这个概念有盲目的崇拜。我讲解双赢的时候一定会花很多时间引导学员讨论双赢是不是一个天真的梦想。

1981 年，《谈判力》面世，当时主动谈判领域的核心学科是经济学和博弈论，关注并提倡的是理性决策、最大化利益。此后四十几年，从事心理学和脑科学研究的谈判学者积累了大量的实证证据。2008 年，哈佛的两位心理学者迪帕马·马尔霍特拉（Deepark Malhotra）和马克斯·巴泽曼（Max H. Bazerman）出版了《哈佛经典谈判术》（*Negotiation Genius*）[①]（本人的译作在 2020 年出版）。这本书把心理学的进展和对谈判的研究结合起来，对谈判的结构、核心概念以及如何应用都有深入的解读。

本书中译本被命名为"重新认识谈判"，大略是编辑认为这本书挑战甚至改变了大众对谈判的认识。作者的原标题则相对平淡一点，叫做"创造性冲突"，副标题是"商务谈判人员的实用指导"。和马尔霍特拉、巴泽曼、利·汤普森（Lee Thompson）这些学者不同，莫布斯和桑德斯并不做研究，他们的工作是帮助商务谈判人员提升谈判的效果。

本书的主旨是为冲突正名，指出冲突是创造价值的关键。好的谈判、能达成双赢的谈判必须也必然存在冲突。

---

①《哈佛经典谈判术》通过基本策略、心理学分析和实际案例，全面指导谈判者在各种情境中有效地准备和实施谈判。该书中文简体字版已由湛庐引进、四川人民出版社在 2020 年出版。——编者注

　　读这本书给我最大的感受是里面有很多很详细的例子。我做培训和教学的时候通常会提醒学生避免迷失在个案的细节里。但是，丰满的个例恰恰能够弥补学者的盲点，给年轻人提供他们缺乏的经验。

　　从懂得心理规律，到能够把这些规律应用到复杂的谈判中，这段路很长，但是提高谈判能力的必由之路。从这个角度来说，本书是一个不错的起点。如果想要深入理解谈判，坚实提高谈判能力，我建议结合其他谈判经典，让自己有一个全面的认识。

　　在谈判沟通中，完全分开感性和理性很难，完美结合两者更不容易。本书提供的案例中有非常具体的语言交流细节，读者从中可以体会到沟通的难处与细微之处的重要性。这是本书最大的价值所在。

提升谈判能力，联合客户创造价值

汤君健
《带团队的方法》作者
得到 App 管理类课程主理人，茂诺咨询创始人

我写这篇推荐序的目的很直接，就是推荐你一定要买这本书，买了就一定要认真看完这本书。我有两大场景和一个核心理由想要展现给你。

场景一：在商场、职场中，你需要提升谈判能力。

如果你是销售人员、采购人员，你当然需要提升谈判能力，为公司获得更大的利益。但别以为只有这些岗位才需要，如果你是财务人员，业务部门的同事告诉你，这批超期货款必须特批放单，不然这个客户就跑了，你批还是不批？不批如何说服业务人员，批了如何对上交代？这就是一次典型的谈判。如果你是 HR，好不容易谈下来一名候选人，他对自己薪酬涨幅的期待远远超出了公司的接受范围，而你又必须把他拿下，这个薪酬你给还是不给？不给怎么说服，给了怎么附加条件？这也是一次谈判（反过来，你是员工，跟 HR 谈薪资，也需要谈判）。如果你是公司创始人，正和投资人谈融资，对方开的条件明显低于你的期望，但你现在又特别需要这笔钱，是否要把公司股份贱卖呢？这还是谈判。

场景二：在生活中，你需要提升谈判能力。

如果你到了一个新城市，需要租一套房子，便宜的你看不上，能看上的却超出了预算，如何跟房东谈判呢？（我自己就是谈判技巧的受益者，我第一次租房时就运用了谈判技巧，将房东的报价"砍"了 20%。）再如果，你的孩子提出要玩一小时电子游戏，你是否同意？你同意后，他借机提出想再多玩半小时可不可以（小孩是天生的谈判高手），你又该如何取舍？

那么，为什么推荐这本书呢？**我的核心理由是：这是一本少见的"不讲谈判技巧"的谈判类图书，它引起了我强烈的共鸣。**我和两位作者素昧平生，但在看书时，又有一种像见到阔别已久的老友的感觉。

20 年前，我作为管理培训生，刚刚入职有"商界黄埔军校"称号的宝洁时，参加了关于谈判技巧的培训。当时我的老师讲了这样一个理念："很多人以为，作为销售，谈判就是尔虞我诈、漫天要价、吹胡子瞪眼拍桌子。上谈判课，就是练习把自己变成自己讨厌的样子。这种观点大错特错。如果你要练习这种谈判技巧，永远也成不了高手。因为你一个月最多谈判一次，而你的采购经理可能就要见 15 位供应商，所有的谈判招式，在对方眼里都是小伎俩。而宝洁的谈判理念，是和客户联合创造价值，从而避免谈判。这就要求我们在谈判中，跳出所有既定的框架，创造性地找到新的破局点。"

举个例子，我们曾经和一位大客户在年度合同框架谈判中陷入僵局，离客户期望的成交价还有数百万元的差距。这时候，一个不起眼的信息被我捕捉到：客户一年要将百万元用在各级管理者的外部培训上，包括从EMBA到管培生的培养。我灵光一闪，为什么不能把客户的培训需求接过来呢？要知道，我们公司在领导力培养方面素来享有业界美誉，而且通过联合培训，可以让客户公司的新一代管理者在未来更倾向于选择我们。最后，这个提议居然打动了客户，让他们把合同条款上的差距补上了。更重要的是，双方管理者一起学习，提升了合作的默契度，对之后共同的生意合作有了真实的促进。

时隔20年，我再次在这本书里看到了创造价值模式。令我印象最深刻的是第8章沃尔玛和供应商谈判的案例。沃尔玛通过对淡旺季生产节奏的调整，把成本控制到了双方都没想到的程度，我强烈建议你深入学习。

作者不断提醒我们思考这个问题："在创造价值模式下，人们的思路从战术型转向战略型：有什么东西是对方需要，却可能没有考虑到的？我可以通过在交易中开辟新的可能性来满足他们的需求吗？"

让我们一起来学习吧！

创造性谈判，一种新的商业谈判模式

比尔·桑德斯

莫布斯创造性谈判培训公司 CEO

　　三十多年前，一位名叫弗兰克·莫布斯的年轻人在一个座谈会上偶遇了德高望重的 W. 爱德华兹·戴明。戴明是世界著名的质量管理专家，他提出的理念促成第二次世界大战后日本经济的崛起，堪称奇迹。戴明解决了现代工业面临的难题，因而带来工业变革：企业如何在不影响质量的前提下降低成本？戴明认为，企业应和最优秀的供应商协同合作，合力改进包括产品设计、优化模具装备、完善工程设计等在内的生产环节。他的理念掀起了一场头脑风暴，推动日本的丰田和本田发展超越了美国的通用和福特。

　　戴明很不赞成机械地选择与报价最低的投标公司合作。在他看来，采购的艺术在于竭力提高效率和最小化总成本。他的理想是在买家和值得信赖的卖家之间建立合作关系，在这种关系中，双方分享一切，甚至是利润。尽管戴明以质量控制和持续改进螺旋（Continuous Improvement Spiral）[①]名扬世界，但他的理念其实可以凝炼为一个词：团队合作。

在座谈会的最后，莫布斯向这位杰出的专家咨询了一个问题："两家企业该如何平衡竞争与合作的关系呢？"戴明瞪大眼睛，对莫布斯大声说："平衡？为什么要平衡？直接消灭竞争！"戴明笃信双赢理念，认为关系牢固的两家企业可以跨过谈判这一环节。

虽然戴明提出的议题非常重要，但他忽视了一个关键问题。从出生那一刻起，人们就被教育要回避冲突。在商业活动中，争论通常被视作一种交流障碍。人类的天性是渴望掌声，而不是与他人争论。人们都害怕扰乱会议、搞砸交易或者破坏一段关系，因此大多数人在意见不合时都会尽可能低调处理。然而，我们再看看下面这些故事：

> 约翰·列侬（John Lennon）和保罗·麦卡特尼（Paul McCartney）这两位音乐家总是针锋相对，他们在录音室时会把气氛搞得十分紧张。有一次在录《白色专辑》（The White Album）时，录音师因受不了当时紧张的气氛，录到一半干脆一走了之。但这并不影响他们共同创造出经典的曲目。
>
> 比尔·盖茨（Bill Gates）和微软创始人之一保罗·艾伦（Paul Allen）虽然是好朋友，但他们的关系也是出了名的"火药味十

---

① 持续改进螺旋，有时也被称作戴明循环或戴明轮（Deming Wheel），这是一个持续改进模型，包括持续改进和不断学习的 4 个循环反复的步骤，也就是计划、执行、检查和处理。——编者注

足"。然而，他们合作孵化出了引发个人电脑革命的系统软件。

美国分子生物学家詹姆斯·沃森（James Watson）[1]和英国生物学家弗朗西斯·克里克（Frances Crick）围绕着 DNA 分子研究争论不休，但他们一起发现了 DNA 双螺旋结构模型。有了这一发现，人类基因组计划得以实施。

前美国职业篮球运动员"魔术师"埃尔文·约翰逊（Earvin Johnson）和拉里·伯德（Larry Bird），在篮球赛场上虽然毫无顾忌地打口水战，却也彼此激励，使彼此的职业技能更上一层楼。

现代艺术画家亨利·马蒂斯（Henri Matisse）和毕加索（Picasso）的作品都颠覆了传统的西方艺术，但两人风格截然不同。他们为了胜出对方一筹，会画同一个主题，有时甚至用同一个题目作画。马蒂斯称他们的关系像进行拳击比赛一样充满竞技意味。有评论家写道："毕加索能成为毕加索，是因为他不想让马蒂斯抢了风头。"

美国心理学期刊《基础和应用社会心理学》（*Basic and Applied Social Psychology*）发表了一篇相关研究，其中研究人员安排 74 对恋爱中的情侣进行模拟谈判，同时另有 32 对完全陌生的男女作为对照组。这项研究发现：恋人组"对谈判结果的期望值更低"，"更少提出建设性意见"。他们好胜心较弱，更快妥协和认同对方。实验表明，由于恋人组妥协得过于迅速，以至于无法提出有创意的解决方案。以"鲁宾爱情量表"（Rubin Love Scale）来衡量，恋人间的关系越亲密，双方的谈判

---

[1] 詹姆斯·沃森是诺贝尔生理学或医学奖获得者，其著作《双螺旋》（插图注释本）展现了 DNA 双螺旋结构的发现历程。该书中文简体字版已由湛庐引进，浙江人民出版社 2017 年出版。——编者注

效率就越低。而陌生人组则表现出更出色的合作能力，他们无所顾忌地争执，提出更优质的整体解决方案。

差异推动创新。莫布斯大学毕业后到家族经营的建筑公司工作，参与各种商业谈判，他受益良多，并对商业交易有了一些基础认识。人们可以用多种方法管理两家企业之间的竞争关系，或调整或压制，但永远无法彻底切断竞争关系。在莫布斯看来，冲突不是谈判的障碍，甚至并不一定是坏事。相反，他认为冲突是一座未经开掘的金矿，人们可以借机寻求更有利的方式来满足自己的需求。

假设你做了一张桌子，认为它的价值是 x；而我是一个批发商，认为它值 $2x$。基于主观上的判断差异，我们有机会达成一个令双方都满意的协议。如果我还能提供一些服务，比如仓储或运输，成本是 z，而你对我的服务成本的估值为 $3z$，那么显然我们有机会做大这块蛋糕。

但是莫布斯提醒人们，谈判并没有就此结束。人们还需决定如何分配这块蛋糕，并在此过程中秉持诚实的原则，争取各自合理的份额。人们需要在合作中竞争，同时在竞争中合作。

莫布斯自己热衷激烈地争论，无论是在商业竞争、政治博弈，还是在观看他最爱的洛杉矶快船队的比赛时。他陈述观点时信念坚定、激情澎湃，言辞非常有感染力。但莫布斯的特别之处，是他会认真倾听对方的回应，这不仅仅是出于礼貌，更是因为他真的对对方的回应感兴趣，想知道对方是否想到他忽略的内容，毕竟人们都有认知盲区。莫布斯会问无数问题，他天生善于与人打交道，总是对人们的反应充满好奇。谈话最后，他不一定会同意对方的观点，但他永远积极参与讨论。

　　创作本书的想法萌发于 20 世纪 90 年代，当时莫布斯在切斯特·卡拉斯（Chester Karrass）培训课程的内容设计上发挥越来越大的作用。卡拉斯是位谈判培训大师，他倡导"非赢即输"的谈判理念。而卡拉斯谈判理念是 20 世纪后期商业谈判培训的黄金标准。2014 年，莫布斯和我成立了一家培训公司，他开始加快节奏开发课程。为开发新的研讨课程，莫布斯和我每天不停地思考、阅读、写作、与合伙人交流。他的想法源源不绝，并不断地激发出合伙人的创意。然而，在 2018 年夏天，在夏威夷毛伊岛的一条弯道上，莫布斯的生命戛然而止。那时，本书的内容已经大体成形。

　　莫布斯在本书中一方面表达了对戴明以及畅销书《谈判力》（Getting To Yes）中提出的双赢理念的强烈反对，另一方面还批判了早期卡拉斯培训课程中的相关内容。同时本书又代表了第三种谈判方式，这是有别于"非赢即输"的另一种选择，一种丰富多元的中间立场。像沃顿商学院心理学教授亚当·格兰特（Adam Grant）提出的"付出者"理念一样，创造性谈判者通过关注对方需求来调整谈判节奏，不卑不亢、沉着应对。他们擅于聆听，慎重发言，尤其重要的是，他们会反复思考：如果……会怎么样？

　　当下，我们正处在一个超级互联、不断被颠覆的商业世界，这是一个既有激烈竞争又有深度合作的双向竞技场，创造性谈判已成为迫切之需。

目　录

Creative Conflict

什么是创造性谈判

Creative
Conflict

第 1 章

新商业环境下的
谈判新思路

分歧不是谈判的障碍，
而是谈判的催化剂。

Creative
Conflict

曾经的商务谈判都遵循一个简单的线性谈判模式。虽然谈判者的工作做起来并不容易，却还算目标明确。谈判合同差不多出自统一的模版，谈判标准也相差无几，关注焦点无非是价格。不过，此一时，彼一时。如今这个时代，交易变得越来越复杂，人们不再像选苹果似的，只做简单的物物比较，现在让买家犹豫不决的苹果种类不仅有国光和红富士，还有国光和红富士嫁接后结出的其他种类的美味苹果。买家内心纠结：我们到底需要什么样的苹果？而卖家可能还要考虑：顾客是买来吃的，还是烘焙用或榨果汁用的？要酸的还是甜的？贮存期有多久？苹果有磕碰如何处理？这当中有许多事情需要解决，而大部分都与价格无关。

然而，谈判理论的发展现在正处于分水岭。在过去半个多世纪里，两种截然相反的理念主导着这个领域：第一种是谈判培训大师切斯特·卡拉斯倡导的"非赢即输"的对抗型竞争理念，第二种是超级畅销书《谈判力》中提出的双赢理念。虽然这两种理念在各自的时代都是谈判理念的一大飞跃，但是当下这个世界变化莫测、混乱复杂且竞争异常激烈，这两种理念都不能完全经受住实践考验。如今，发现问题和解决问题的能力至关重要，过往的规则已经不再适用。

　　在谈判中除了竞争还有合作，通常竞争与合作同时驱动着谈判的推进，贯穿整个过程。谈判就像是两人对舞，舞步随着动作不断变化。要想创造性地进行商业谈判，就要求谈判双方具备灵敏的反应能力和创造能力。谈判双方要敞开大门欢迎新意见，无论这些意见来自哪一方。**创造性谈判者不仅会努力争取扩大交易的范围，也会极力为己方争取更大利益。**他们会步步紧逼对手，直到碰壁后再思量应对之策：要继续强攻、迂回还是放弃。创造性谈判者认为冲突不可避免，因此坦然面对。对他们而言，谈判气氛越紧张，回报可能越丰厚。

　　如果人们战战兢兢地回避冲突，谈判时就无法全力以赴，谈判结果也就会受到影响。不论是一味顺从对方意愿，还是走向另一个极端，强势逼迫对方服从己方意见，都不利于发现新的谈判机会。如果忽略分歧、仓促达成共识，也不能解决问题。在第 8 章，我们会讲述美国联合航空公司和星巴克的案例，以此告诉大家创造性谈判者愿意开诚布公地讨论，热衷解决问题，意志坚定而执着，并且会尽力掌控谈判过程。

　　要想欺骗创造性谈判者非常难，因为他们事前会做尽职调查。如果对方采用欺诈或野蛮对抗的战术，他们为了保护组织利益会直接撤退。同时，创造性谈判者也随时准备在必要时放下质疑，稍做妥协，这样或许能稍微再多争得一点好处。他们谨慎出击，步步为营，灵活地评估风险，争取达成影响更长远的、回报更丰厚的、内容更全面的交易。但即便如此，他们也不会想当然地认同任何事、任何人。他们会进一步观察对方，衡量交易中的成本投入和收益变化。创造性谈判者明白哪怕合同上的墨迹早已干透，谈判也可能还要持续很久。

　　本书是一部实用谈判指南。首先，我们将说明为什么建立不同的商业关系需要不同的谈判方法。一次性交易的讨价还价模式需要的技能，与旨在建立长期战略联盟所需的谈判技能大相径庭。而建立长期战略联盟，正是我们将在第 2 章讨论的创造性谈判的组织原则。其次，我们将解释为什么使用最基础的讨价还价模式根本无法保证谈判成功。讨价还价的技巧固然重要，但何时使用技巧更重要。另外，创造性谈判者熟知自己的心智模型，他们通过心智模型分析情况、与他人建立联系。他们擅于扬长避短，能控制情绪，全面关注目标，并且能够达成令双方都满意的，更庞大、更全面的交易。

无论你是在对外洽谈交易，还是在组织内部推动某项决定，一旦学习了本书中的内容，就奠定了在任何谈判中无往不利的基础。

生产模式改变谈判模式

20 世纪，美国经济是依靠为大众市场提供标准化产品发展起来的。亨利·福特（Henry Ford）曾吹嘘说：顾客可以买到任何颜色的福特 T 型车，只要它是黑色的。[①]当福特或者通用汽车需要采购油漆、火花塞或轮胎时，就会制订一套统一的规格说明，只要产品符合规格要求，选哪家供应商都行。其他的行业巨头，比如杜邦、美国钢铁公司和 IBM 也纷纷效仿，竞标的企业相互倾轧，逐渐被压到各自的谈判底线。托马斯·霍布斯（Thomas Hobbes）在其著作中指出：人性是野蛮与短视的。这场谈判游戏是机械的，缺少人情味，并且只为最大买家的利益服务。

---

① 此处作者引用有误。福特在自传《我的生活和工作》（*My Life and Work*）中讲道："顾客可以把自己的汽车按照自己意愿涂成任何颜色，只要它是一辆黑色的 T 型车。"当时福特 T 型车很多组件是使用标准零件，并且只提供黑色汽车，以此优化成本。——编者注

不过，往事已矣。在信息经济时代下，商品经济大多是低收入国家的主要经济形态。为了在异常残酷的全球竞争中生存，卖家的产品定制化程度已经翻了好多倍。卖家提供的差异化产品和服务培养了终端用户更高的忠诚度，这导致买家提出的要求更严苛，而相应的供应商范围逐渐缩小。此时，交易更复杂，周期更长，更有可能出现谈判初始条款中未体现的一些问题。比如，一项包含了从设计到施工全流程的建筑项目，或者一项错综复杂的外包项目，与一宗钢笔采购业务相比，在谈判过程中出现的变量必然要更多。

人们对标准化生产的推崇已经过时。过去年轻人只能在传统的休闲鞋款式中选择，而现在各种鞋的新款式已经有上万种。现代供应链依赖零配件和机器设备的定制化生产，许多厂商甚至将生产线外包。生产一颗微不足道的火花塞，涉及发动机压缩比、气缸温度、正时线圈线束及发动机点火间隔等参数，这种综合考量已成为定制化生产的一项奇迹。对产品独特性的迫切需求激发了跨地区的专业合作。例如，一辆用于勒芒 24 小时耐力赛的雪佛兰赛车，可能由意大利团队进行外形设计，德国团队负责工程设计，而生产却在瑞典或日本完成。

我们认为，正是定制化生产让谈判方式发生了改变。过去的采购经理（purchasing heads），现在被称作采购总监（sourcing directors）或者是零售业中所称的品类经理（category managers）。过去的采购方式是找 3 家供应商来投标，选报价最低的那家，现在这种简单粗暴的方式已经行不通了。如今的经理们需要制订战略性的采购计划，在提升生产质量的同时降低成本。新时代的买家开始寻找一些可靠的供应商，这些供应商追求可持续发展，并且有良好的业绩记录。买家一旦找到他们，接下来的谈判过程与旧式的讨价还价模式就大不相同，那将是个充满变数的过程。从前双方开始谈判时常常照章办事，盲目谈判。一款看似理想的软件，实际上可能并非最优选择；另一款附带不同性能的版本可能会将企业业务提升到全新水平，前提是谈判者问对问题。现在商业交易不再是线性的过程，与其设定严格的采购标准，不如在谈判时灵活应对，探索未知的可能性。

创造性谈判者需要具备多种技能和敏捷的思维，具有创造和协作的全局意识。 他们得是侦探、辩论家和战略思想家，甚至还是行为经济学家。他们肩负众望，需要比过去任何时候表现更好。

当然，谈判面临的风险也更大了。激烈的离岸市场①竞争让每个人的试错空间缩小。仅仅做好产品开发、市场营销和生产制造中的每一环节已经不够了。如果某家企业谈判失利，就可能失去那些来之不易的优势。作为买家，你拿到更好的价格，不仅仅是为了让卖家少赚几块钱、让你在老板面前有面子，更是为了企业生存。如果卖家的灵活度很高，而你采购时高价入手产品，然后又遇到一个更加强势和精明的对手，那么你的企业就很可能输给对手。

在生意场上跟在个人生活里一样，成功与否很大程度上取决于能与他人达成什么样的协议。创造性谈判对个人职业发展、团队绩效、业绩盈亏以及组织未来都将产生巨大影响：

- 销售员达成利润更高的交易，培养更高的客户忠诚度。
- 供应链经理能采用更有效的采购策略，节约成本，强化与供应商的

---

① 离岸市场向非本地居民提供离岸金融服务，具有低税或免税、管制少、政策优惠等特点。——编者注

合作关系，进而提升个人业绩和公司利润。

- 项目经理能顺畅地管理更多赢利项目，准时交付，控制预算。

- 高层领导对达成目标的信心更加坚定，对重大项目寄予厚望，敦促团队提高绩效。

- 成功孕育成功。随着绩效的提高，信心和自我满意度也会提升。

创造性
谈判技巧

谈判中出现的新变化

谈判中还出现哪些新变化？我们来看一看：

- **价格不再是王道。** 在一次研讨会上，有一位与会人员在一家顶尖计量企业做销售工作。这家计量企业的业务是用超精细的工程公差对汽车零件进行测量。这位销售员告诉我们："我们是行业里报价最高的企业。如果我们出去直接卖产品是没有出路的，因为根本卖不动。我们必须卖解决方案。"还有个来自另一位客户的例子，我们猜测他们是家煤炭企业，不料被他们纠正说："我们是一家能源解决方案提供商。"所以价格低不再是达成交易的必要条件。如果你想买一款软件用作企业培训和为客户提供定制化服务，但来年又必须对软件进行升级，那么你用很低的价格买一款低端软件，会有什么意义？

- **一切交易都是透明的。** 交易双方都有更广阔的谈判空间，以更灵活的方式定价，争取更多的机会来扩大交易范围。在这个数字化时代，定制产品的成本曲线急剧下降。客户希望优化哪些部分？需要多少技术支持？如果企业对每份合同都按需定制，就有更多机会提供创造性解决方案。

- **协同交易盛行。**虽然牛顿物理学说似乎是成立的，但直到卢瑟福和爱因斯坦发现了亚原子粒子，从此物理学就进入量子力学的时代。在当今的商业谈判中，由于谈判者对细节的钻研更深入，讨价还价模式的局限性也愈加彰显。宏观层面的竞争正迫使谈判者投入更多精力与对方达成合作。早在 2007 年，沃尔玛就把广告语从"天天低价"改成了"省钱、省心、好生活"。这个竞价策略被颂为业界传奇，但在 2017 年，沃尔玛创立的这一策略开始逐渐退出市场竞争。面对来自亚马逊和电商平台 eBay 的不断加剧的竞争压力，沃尔玛意识到在线下商超和线上购物平台之间的竞争中，他们哪怕在线下低价销售产品，也无法和线上购物平台抗衡。于是沃尔玛不惜一切代价联合供应商，获得他们的协助，贮存溢价更高的产品以更好地满足客户需求。为了回馈这个联盟里的成员，沃尔玛被迫改变了他们以往的谈判风格，态度变得稍微宽容温和了。因为如果你想掏空供应商利润，那么他们必定不太情愿配合你。

Creative Conflict

不破不立，这是世间法则，没有例外。如今企业家们担忧的不再是来自一个已知对手的低价竞争，而是不知从哪里冒出来的、影响到自己生死存亡的某个潜在威胁。这个威胁可能是突然出现一家企业推出与你的主打产品类似的产品，价格却只有市场价的一半；也可能是出现一项新技术让你的主打产品立刻过时。比如，柯达从未预见智能手机的出现，黑莓也没有。优步（Uber）和爱彼迎（Airbnb）的出现，颠覆了整个出租车和酒店行业；丰田普锐斯和特斯拉的混合动力汽车的问世也造成同样影响。顺则生，逆则亡。戴明说过："你可以不改变，毕竟你也不是非活下去不可。"

维珍集团（Virgin Group）创始人理查德·布兰森（Richard Branson）也同样表示过："一家企业如果停滞不前，很快就会被遗忘。"

成功的企业不仅要紧盯着成熟的竞争对手，还要时刻关注市场开拓者的动向。**创造性谈判者采取蓝海战略，开拓出无人竞争的市场空间，他们通过达成交易推动转型，实现跨级发展。**

只有精明能干的谈判者才能在当前的环境中生存。只有大胆创新，才能成长。在一个充满不确定性的时代，企业也必须进行自我调适，顺应潮流，通过创造性谈判突出重围。

过时的黄金标准

1968 年，在霍华德·休斯公司（The Howard Hughes Corporation）销售航空飞行器的卡拉斯辞职，以自己的名字为公司名，开办了一家培训公司，并推出一项全新的培训项目。卡拉斯谈判理念很快成为 20 世纪后期谈判的黄金标准。卡拉斯身处的时代正是商业社会高度结构化、专业化和商品化的时代，谈判中的变量很少。买家进行招标，直奔压价而去，价格越低越好。而卖家争先恐后地去争抢。双方都没有很大的回旋余地。

卡拉斯谈判理念最大的亮点在于谈判者拥有很大的权力，而他们自己低估了这种权力的作用。**根据谈判情况，谈判者握有很大的权力：正当的决定权、调动资源的权力、决定时间和工作量的权力以及获取知识和信息的权力。**只需留心观察这些权力，它们就可以为己所用。卡拉斯这一理念让很多人颇受启发。

卡拉斯谈判理念是简单粗暴的。在卡拉斯看来，谈判是场非赢即输的残酷战争。胜利者冷酷无情，丝毫不愿妥协，无论对手看起来多坚定，他们都怀疑对方还有退让空间。胜利者认为最重要的法则就是充分利用自己的权力，发挥能力优势，斗志昂扬地去讨价还价，直到对手精疲力竭、节节败退。

这种强硬的战术并非卡拉斯首创。在激烈的商战中，勇猛果敢而野心勃勃的交易高手，或有意或无意地都在运用类似的手段驰骋商场。但卡拉斯将这些手段进行打磨、提炼，开发出正式的培训课程，形成一个新的产业，他面向的客户群体既有谈判新手，也有久经沙场的实战者。莫布斯和我常常鼓励客户，让他们勇于向大众一贯默认的行事方式发出挑战，不能随波逐流。我们鼓励他们向传统经验发出挑战，假如他们拥有合适的理论工具，比如卡拉斯谈判理念，他们就可以付诸实践。卡拉斯的培训课程包含很实用的谈判技巧：砍价，学员可以一直砍到最细微处。这个课程打开了一扇窗口，让学员得以了解现实世界的买家和卖家，了解他们在现实谈判中如何开展对话。在商界践行这套谈判理念的人收获了巨大的回报。

莫布斯在这家培训公司工作时还不到 30 岁，卡拉斯给了他很大施展才能的空间，让他完善这个培训课程，培训新生代的谈判者。三分之二的《财富》500 强公司同他们签订了培训合同，包括通用电气、通用汽车、IBM、微软、埃克森美孚和杜邦等。莫布斯在课堂上教授学员的同时，自己也学到了相当多的知识。他接触并深入了解大量的企业案例，研究了来自不同行业和不同国家的各种案例的差异。

卡拉斯成立培训公司以后，恰值世界发生了天翻地覆的变化。全球化几乎对所有行业影响至深。科技时代的市场竞争比以往任何时候都更加激烈，但企业合作也更加紧密。例如，微软和英特尔打造"Wintel"联盟，形成"双寡头垄断"格局；跨国移动电话运营商 T-Mobile 与诺基亚合作建设 5G 网络；微软和沃尔玛展开云服务合作，与亚马逊在云服务和线下商超两条战线上进行对抗。另外还有无数小公司正在利用亚马逊寻找尚未开发的市场。

丹尼尔·平克（Daniel Pink）在他 2013 年版的《全新销售》（*To Sell is Human*）①一书中指出，我们生活和工作在一个前所未有的信息平等的时代。对买卖双方而言，搜索引擎和社交媒体的出现，无疑让双方竞技处于同一起跑线。对公众开放的数据大大增加了以蒙骗或投机取巧的方式获利的难度。**为达成长期的商业合作，建立信任至关重要。**"买家购物，风险自负"，这种态度导致的后果有时是灾难性的。

如果买家的需求多样，卖家的供给形式又比较灵活，或者两种情况对调一下，那么这里的困难之处便是买卖双方如何达成一致。如今谈判者需要兼顾多种因素，可能包括毛利率、质量控制以及其他多项因素。他们通常还会考虑联合营销宣传或联合技术研发，甚至联合项目管理。总体来说，单纯的价格驱动的商业谈判不能让他们达到目的。

卡拉斯谈判理念在一次性谈判中仍然非常有效，这一点我们在本书第二部分中会阐述。如果买家只是想从卖家那里买一辆卡车，谁的谈判

---

① 丹尼尔·平克是全球 50 位最具影响力的商业思想家之一，其经典力作《全新销售》《全新思维》《驱动力》《憾动力》等书中文简体字版已由湛庐引进、中国财政经济出版社出版。——编者注

技巧高谁更有利。但如果是在一个需要构建长期战略联盟的场景里，谈判者需要的技能就更复杂了。**相较于战术比拼，创造性地解决问题更重要。**巧妙地议价，不过是为了获得进一步突破的手段，是挖掘潜藏额外价值的技巧。

无法真正实现的双赢

1981 年，莫布斯在卡拉斯培训公司工作期间，《谈判力》一书已大获成功，成为一个世界级现象。这本书第一版由主持哈佛谈判研究项目的罗杰·费舍尔（Roger Fisher）和威廉·尤里（William Ury）二人撰写，书中提出的"原则谈判"理念，与卡拉斯主张的"全力以赴"截然不同。

费舍尔和尤里在这个领域掀起了一场新革命，旧的假设被完全推翻。他们认为，为了在谈判桌上达成一致，谈判者们要做到以下几方面：

- 先提新思路，再决策。
- 聚焦利益，而非立场。
- 坚持客观标准。
- 行事要对事不对人。

上述这些都是非常合理的建议，每一条都很管用。但是，别忘了，尤里是一名人类学家，而费舍尔是一名法学教授，他曾帮助斡旋戴维营首脑会谈并达成协议。国际外交你来我往的博弈可以持续多年而没有结果，但大多数商业谈判都带有紧迫性，并且受到来自企业内部的约束。假设你是卖家，刚刚被竞争对手击败；或者你是买家，没能及时应对需求上的意外增长，那么在这两种情况下，你很有可能明天就得关门大吉。

　　然而，费舍尔和尤里的谈判法中有一个盲点。他们忽视了所有商业谈判都有一个核心要素，即权力。在《谈判力》一书中，基于自身利益考量的讨价还价，即使并非出于恶意，那也像是滚动齿轮上出现了一粒沙子，会影响谈判进程。冲突，在书中被描绘成阻碍谈判的绊脚石，"不受任何一方意愿的控制"（此处是重点），需要暗中进行"管理"，并悄悄"处理掉"。在《谈判力》描述的理想场景中，通情达理的谈判双方把手里的牌全部在桌上摊开，商定好几个客观标准，然后发现双方共同利益。这样，谈判就达成了！

　　哈佛学者的问题在于，他们把权力这个杠杆的作用跟洗澡水一样倒掉。无论好坏，权力的作用至关重要。诚然，现代的商业谈判明显比过去更强调相互协作，但仍然无法消除竞争。即使努力把蛋糕做大，人们仍要力争自己分到更大份额。但真正的现实是，"双赢"其实是大赢和小赢，甚至假如一方能力更强，就是超大赢和小赢。

　　那么，我们要何去何从？刚才说过，卡拉斯谈判理念可以用来指导最基础的议价谈判，避免公司产生巨大损失。但在更错综复杂、影响更深远的交易往来中，旧方法论就仿佛是用凿子做微创手术，手术（交易）可能很快失败。

　　哈佛学派的双赢理念很吸引人，如两位作者所说，假设有大把的时间，并且遇到一个志同道合的对手，双方可以"高效而友好地商讨出明智的结果"。但过于随意地应用这一方法论，双赢的结果可能流于主观。如果谈判双方过于急切地达成协议，他们可能是卖了自己却还以为自己赢了。①

---

① 这里需要说明一下，尤里在他后来的著作，比如《突破冲突》（*Getting Past No*）中论述了冲突的重要性。

富有创造性地解决冲突

我们的主要观点是：商业谈判各不相同。每一场谈判，人们都像是行走在不同的道路上，途中可能会遇到一系列转折点，也有可能中途不得不拐到前途未卜的另一条路上。要是不依不饶将对方置于死地，便是将双方的利益关系推向危险境地，虽然赢了当下，却输了未来。相反，谈判时，可以选择现在少赚一点，换取将来更稳定的回报，获得更大的利润。哪种赢才是真正的赢？

曾经，大多数人在谈判中面对冲突时往往采用以下两种方式：或是回避冲突，或是对抗冲突。要么向对方屈服，牺牲掉自己的利益，要么不停地挑衅，迫使对方不得不反击。此外，人们也有可能机械地忽视分歧，这其实也是一种不易察觉的回避冲突的方式，只是处理方式更温和些。在任何商业谈判中，以上两种方式都会贯穿整个谈判过程，直到谈出结果。

当下的新局面需要新对策应对。在这个看重定制化方案的时代，谈判时必须兼顾实施进攻型战术及协同合作型战略，二者须紧密结合。**谈判者既要态度强硬，又要富有创新精神；既要谈到满意的价格，又要想方设法提高交易的整体价值。**其中尤为重要的是，在不同的场景下，谈判者需要运用不同的谈判技巧。

莫布斯和我认为有第三种方法，它是一种更富有想象力的方法。在这种方法的引导下，人们关注的谈判对象不仅有对方，还有己方。**双方的分歧是一种催化剂而不是障碍。**在这种方法的推动下，双方互惠互利，共同发现和创造新的价值。我们给这种方法起了个名字，叫作创造性谈判。创造性谈判像一颗种子，在莫布斯这家规模不大的四代传承的家族企业中生了根、发了芽。

本书合著者莫布斯的父亲老弗兰克·莫布斯是一位终生从事铺路工程的建筑商。虽然建筑行业几经变迁，但他一直从事这份事业。莫布斯的父亲从未参加过关于管理公司的任何培训。他把公司数十年的基业长青归功于一个能让他拿到好项目的秘诀，这个秘诀来自家族企业创始人、莫布斯的曾祖父，他有一句格言："危局中要不惜代价，因为利润是争出来的。"

当时的市场环境和现在一样，在建筑行业中谋生一直相当艰难。生意兴隆时，莫布斯的父亲可以把价格定得很高，并且大部分时候他能拿到工程项目。然而，一股业主经营的新浪潮涌进了他们的地盘……原有建筑商的业务不可避免地流失。工程项目越来越少，而新入行的人互相倾轧、压价竞争，直到他们在无数次的恶性竞争中破产。

为了避免企业与同行互相倾轧，莫布斯的父亲敦促他的分包商和供应商削减几个百分点的利润。然后他会对工程洽商变更单收取一笔虽然看起来不奇怪但溢价很高的费用，用以维持自己的利润底线。由于中途更换总承包商的成本很高，地方政府的公共设施部门不得不让步，同意付款。与此案例类似的情况，还发生在以成本超支闻名的航空航天行业、家居装修行业，以及其他行业中。工程进展越大，卖家的杠杆作用就越大。

后来，莫布斯的父亲开始放权给他。当时还年轻的莫布斯慢慢发现，大多数项目的实施过程其实比最初看起来更灵活多变。于是，在拿不到目标的优惠价格时，他会尝试从其他角度去降低成本或增加价值。有一次，他收到南加州一家购物中心发出的一个工程招标邀请书。这项工程需要铺设从两条大路通往购物中心的 8 条车道、14 个停车场、3.2 公里长的步行道，以及一片开阔的景观绿化带。莫布斯报价 170 万美元，然后他被商场的项目经理叫了过去。经理名叫卡森，很和蔼，他们以前合作过。

"瞧，莫布斯，我很满意你的标书，而且知道你能做好这个项目，"卡森说道，"但现在有个问题，你的报价超出预算太多了。"莫布斯请卡森说得具体点，卡森回答："我没法说得很具体，但就是超了大概 25%。"

莫布斯快速地在头脑里算了算，那就是大约 42.5 万美元。"得了吧，卡森，这比我的成本还低。"莫布斯说："这个价钱，我做不了。我也不相信其他人能做得了。"卡森说："嘿，外面可是有几家公司很想要这个工程呢，他们的报价跟预算很接近呀。我不是说他们是南加州最好的承包商，不过他们能接这个工程。我是很愿意你来做的，不过你的价格得再低点儿啊。"

冲突是把双刃剑。作为一家工程承包商，莫布斯目睹过冲突场面有多不堪：人们情绪激动、相互指责，谈判陷入僵局。不过很早以前，他从冲突中看到了机会。**只要抱着建设性的态度处理分歧，最终双方都能获利。**于是，这个时候莫布斯的大脑飞快地运转：他的标书是完全按照招标要求制作的。不过他向卡森问道："你为什么一定要 3 米宽的步行道？""我们参照了去年开业的布鲁克林购物中心步行道的宽度。"

这时莫布斯指出，布鲁克林购物中心周边的来往行人数量庞大，需要更宽阔的步行道："但大家都会开车来你们这家购物中心，步行道 1.8 米就够了，这样你至少可以省下 5 万美元。""你说得很对，太好了，"卡森说，"既然我们谈到步行道的问题，为什么不把它们铺成柏油碎石路面来代替混凝土呢？我猜这又可以省下 4 万美元的材料成本。"

很快，他们俩的关系变得融洽。莫布斯同意降低价格，但要求更多的预付款。卡森自告奋勇地提出，购物中心的常驻维修人员可以负责大部分景观绿化工作，这意味着莫布斯可以缩小工程施工范围，省掉一大笔昂贵的分包商费用。至于购物中心的大型喷泉，莫布斯提议用小巧精致的小泉眼来代替，既经济实惠，又更能讨孩子们的喜欢。

在对工程招标书上的各项技术标准用红笔修改后，他们发现总成本省下 30 多万美元。此时，莫布斯的报价接近预算，卡森可以放心地把莫布斯的提案汇报给购物中心经营者。而莫布斯把项目中利润不那么高的部分从标书中拿掉，在符合工程要求的前提下提高了利润率。这一切要归功于对一个简单而关键的问题刨根问底式地提问：对方真正需要的是什么？这一课，莫布斯永远不会忘记。

本书的第一部分，我们要谈谈创造性谈判的起源。权威的行为经济学专家们会向我们阐述人类讨厌冲突的缘由，揭示社会规范和市场规范之间的矛盾，揭开损害自身利益的 4 种自毁情绪：焦虑、挫败感、愤怒和报复心。在接下来的几个部分中，我们将深入地探讨创造性谈判的 3 种模式，通过分析现实生活中的例子和戏剧中的情节演示，说明正确的策略、战术技巧和心智模型如何引导人们在谈判桌上取得成功。

人们无法在生活中避免冲突，每天都在求同存异里度过。我们希望，创造性谈判能帮助人们在工作和生活中少点紧张、少点遗憾、多点满意，持续获得更多的利益。

创造性谈判指南

- 谈判的本质在于消除差异。创造性谈判者能够避免对抗性冲突以及冲突带来的愤怒和恐惧等负面影响，他们权衡双方利弊、深思熟虑后做出让步，创造出更有新意、更有利的成果。
- 虽然无法真正实现双赢，但可以达成对双方都有利的谈判结果。
- 谈判者的第一大忌是抗拒冲突。一旦人们回避、妥协或拒绝冲突，就不可能谈出积极的结果。创造性谈判者会控制情绪、延时评判以及大胆寻求新的可能性。
- 谈判没有万能公式，在不同场合可以选择不同的谈判模式。

Creative
Conflict

●

第 2 章

认识创造性谈判

进行创造性谈判的关键，
是选择正确的谈判模式。

Creative
Conflict

在英文中，"谈判"是 negotiate，这个单词源自两个拉丁语词根：neg，也就是"不"；otium，是"放松"的意思。两个词根放在一起，就是 negotium，"不放松"的意思。这个定义会立刻引起体会过谈判压力的人的共鸣吧。这个词的动词形式 negotiat- 的意思是"在业务过程中完成"，即谈判是所有业务关系的核心，这在我们看来说得很准确。

在中世纪的法国，从事贸易活动和批发生意的商人被称作 négociant。这个词今天仍然用来称呼那些从葡萄种植户那里大宗采购葡萄或成品葡萄酒的商人，他们都是早期的商业谈判者，并且推动了那个时代经济的发展。他们是交易商，是实干家，是脚踏实地做事的人。

但人类谈判的起源还远不止于此。比如，家族成员或近亲之间的物物交换行为可以追溯到史前时期。婚戒的出现至少可以追溯到 6 000 年前古埃及法老统治之前的时代。古代的贸易活动与某些特定的语言和身体动作相关联。在某些文化中，谈判双方在达成协议之前会举行仪式共舞，双方通过舞步的进退可以推测交易中的得失。双方达成一致后，他们用另一种仪式宣告交易完成，比如双方进行一次握手、制作一支象征和平的烟斗，或者是共同签署一纸约定。

商业贸易往来可以追溯到数千年前，远远早于已有的文学记载。公元前4万年，贝壳出现在离海岸线数千公里的地方，古人类学家认为那是人类早期使用的货币。尽管最终贝壳作为一种货币形式被牛、银币以及比特币等相继取代，但交易的核心要素基本上一直保持不变，那就是：发现交易机会、协商让步空间、认定交易公平以及确认信任关系。史前时期，人类以氏族形式聚居或以部落形式群居，想法比较简单狭隘，商谈交易时较为随性，没有战略战术。后来发展到国家形态，疆域对外扩张，导致各大洲间的贸易线路激增，买卖的环境与方式都发生了变化，商业发展进程出现了根本性转变。那么，究竟是什么改变了？这个改变就是：我们开始经常和不相识的人打交道了。

如果你是跟你的亲戚做生意，双方都会受到家族关系和社会习俗的约束。但是如果你把自己的未来，包括财富、声誉、家族兴旺或存亡，都押在一个从未谋面的人身上，这种状况就另当别论了。随着世界局势日益动荡，不确定性因素增加，贸易标准也随之发生了变化。做贸易已经不再是单凭大麦的品质或山羊的肥瘦，就可以决定你能否在买卖中把握先机。现在需要你巧妙应对交易过程中的各种变化，准确运用口头语言和身体语言，深入了解文化习俗，敏锐捕捉人际关系信号，及时判断是该妥协让步还是该强硬坚守等，但其中最关键的是：清楚地知道何时应当警惕，何时可以对对方委以信任。

在人类各种社会形态中，这种适时应变的能力是普遍需要的。时至今日，这种应变能力或定义或破坏了我们与故人间的人际关系，而与不相识之人的关系更是如此。这种应变能力指导着创造性谈判的整个过程。那么，这个过程具备哪些特征？

首先，创造性谈判的过程不仅仅是一种经济活动。一方面，谈判是个客观的过程，是一种关于商品和服务的交易活动；另一方面，谈判过程通过人类交流这一主观媒介进行，并且伴随着产生各种误解和误判的风险。

其次，谈判释放了我们对未知的恐惧。你不认识对方，自然就不了解他们会采取何种行动或做出何种反应，或者他们想从你身上得到什么利益。陌生人带来的威胁可能是非理性恐慌和惧外心理的产物，但这种威胁也并非无一丝逻辑可循。同时，陌生人带来的威胁也是很多人在谈判的场合总是拖延敷衍或干脆排斥谈判的原因，因此在谈判过程中，这些人也经常丧失理性，无法做出判断。

最后，谈判过程并非一成不变，而是千变万化。假如我们谨慎地在谈判中坚持下来，就有可能把看似枯燥的交流转变成收获颇丰的发现之旅，甚至可能建立长期的商业合作。若想还有额外收获，双方则需在谈判中灵活应对遇到的障碍或转折点。敢冒风险才有可能获得丰厚回报。

人类社会的各种文化经过数千年的发展，已经在社交邻近性和知识结构上形成了明显的等级划分。关于那些我们完全不认识、了解不多或间接认识的群体和个人，我们对他们心存戒备。面对这些人，我们的表现展现出 3 种状态：

- **多疑防御。**你不喜欢他们，并且认为有理由不相信他们。
- **警惕窥探。**你不确定自己是否喜欢他们，但是会探询自己能在多大程度上信任他们。

- **热情开放。**你预估回报会大于风险，斟酌后会给他们机会赢得你的信任。

当然，上述几种表现也并非固定不变。人们会与时俱进，适时应变，把陌生人变成朋友，把熟人变成对手甚至敌人。**创造性谈判以这种易变的人类行为谱系为基础发展形成。**根据亲身经历，我们知道每场谈判都不相同，会遇到许多变量：合约规模、行业规范、对方的个性或历史业绩。不同类型的谈判需要采用不同的战略、战术和技巧，这种逻辑似乎才合理。下面我们就来对不同类型的谈判模式进行说明。

创造性谈判的 3 种模式

创造性谈判包含反映买卖双方关系的 3 种模式：

- **讨价还价模式是争抢利益的零和博弈，只关注利益分配。**尽管谈判双方最终为达成一致目的还是需要进行最基本的合作，但大家的首要任务就是利益竞争。有些谈判者头脑灵活，讨价还价，挖空心思琢磨对方的弱点，不断试探对方，同时他们对自身需求有更清楚的了解。这种谈判模式又可以进一步细分，从最简单的价格博弈，到高阶的对价格之外的事宜进行磋商。老练的讨价还价者擅长讲故事，擅于夸大自己的产品在对方心目中的价值。在传统的供应链谈判或项目谈判中，如果需要对合作原则进行探讨，那么谈判双方最终往往就以这种高阶的讨价还价方式结束。但对于创造性谈判者来说，这可能只是开始。如果谈判进展向创造性谈判右侧推进，谈判双方就可能达成更好的交易（见图 2-1）。关键问题是对方有多少灵活度？自己到底想要达成什么目的？

讨价还价模式　　　创造价值模式　　　关系导向模式

图 2-1　创造性谈判

- **创造价值模式可以为谈判双方带来额外收益。**虽然这种模式需要做更多努力来澄清争议、打破僵局以及缓和紧张气氛，但最终可以带来可观的回报。成功运用这种模式的第一要略是进行价值梳理，共同探索令双方均能得大于失的方法。换句话说，就是扩大交易价值总额。创造价值模式可以使竞争与合作差不多处在平衡状态。即使谈判双方紧密协作，达成的协议很全面，却仍会尽力多为己方争取一份额外回报。关键问题是如何扩大交易价值总额？是否存在未发掘的潜力，能为双方创造新价值？

- **关系导向模式以优化长期价值为目标。**为领先市场，各组织必须寻求自己的盟友，这样遭遇威胁时才会有人伸出援手。供应商现在不再按需供货，而是提供更专业的整体解决方案，引导买家长期合作。买卖双方的最佳合作方式是建立长期战略联盟或伙伴关系，这样谈判时都能为对方利益考虑。战略联盟的生死存亡极大程度上取决于双方在合作中能否保持互信、信息透明和公平。尽管合作共赢居于首要位置，但是开诚布公地表达不同观点有助于防止合作关系跑偏，确保其正常发展。关键问题是哪些资源可以用来深化双方关系？双方如何才能合作得更顺畅，不仅是在合作蜜月期或顺境时，当遭遇困境时，双方应如何应对？

　　这里应该能看出，我们将上述 3 种模式按创新能力由低到高进行升序排列，合作方式从僵化到灵活多变。越往创造性谈判右侧推进，谈判的复杂程度越高，增值空间也就越大。这正是驱动当下商业发展的动力所在，也是大势所趋，依据我们以往的经验，这也是谈判者最需要改进的地方。不过，没有任何一种模式拥有绝对优势。如果只是单纯的商品交易，只要谈妥价格就可以，那么既然不需要扩大发展空间，又何必浪费时间去建立什么合作关系或寻找什么共同利益？做事情要因时而动，讲究效率，进与退都要顺势而为。

这里我们应该补充一点：这 3 种模式其实并不相互排斥。许多谈判场景需要我们从一种模式切换到另一种模式，有时重叠使用几种模式，有时要随机应对。讨价还价者也会疏通关系，为套取信息，也为避免谈判破裂。反之，讨价还价的能力在整个序列中对所有模式都适用。同样，我们也见过战略伙伴之间出现棘手有争议的情况，或双方的信任遭到破坏，进而威胁到战略合作关系，这时讨价还价的能力也能派上用场。假设问题解决，双方伙伴关系便又可以恢复如从前，甚至上升到新的层级。

在谈判桌上要"坐对位置"

为了更好地理解创造性谈判，我们可以想象出一个场景（见图 2-2）。在讨价还价时，双方在谈判桌两边相对而坐。如果双方真的陷入对立状态，就会远远地坐在桌子两端，如图 2-2（a）所示。在创造价值模式中，双方并排坐在桌子同侧，只是必然保持一定距离，如图 2-2（b）所示。而在关系导向模式中，双方紧挨着坐在一起，亲密无间，以便勠力同心寻求共同利益，如图 2-2（c）所示。

关系导向模式创造长期增值的潜力最大。**讨价还价模式和创造价值模式之间有一个重要的转折点，那就是从单边思维转向双边思维的拐点。**

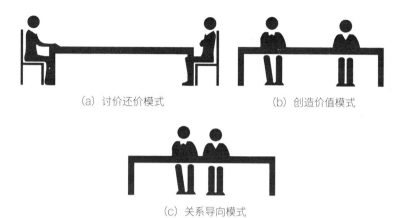

(a) 讨价还价模式　　　　(b) 创造价值模式

(c) 关系导向模式

图 2-2　在创造性谈判的不同模式中谈判者的位置不同

具体来说，在讨价还价模式中，谈判双方处于空间上的对立状态，各自都固定地坐在相隔较远的位置上。受限于各自的盲区，他们无法用对方的视角看清局面，只见树木，不见森林。

在创造价值模式中，谈判有了质的变化。双方寻求相似或共同的利益，即使他们看到的视野并不一致，但至少角度也是互补的，相当于双目立体视觉，这种解剖学意义上的特点让双方深刻理解这一模式。在谈判过程中，双方将更易于发现新机会或新方案。一旦决定合作，主观上，双方之间的互动也会发生变化，摩擦减少了，除了维护短期利益，不再忽视长期承诺，双方开始聚焦扩大交易范围的可能性。创造价值模式介于相互争斗和协作解决问题之间，双方由此从互不信任转向展现出同理心，并开始站在对方的立场思考问题。

对于创造性谈判者来说，第一件事是想清楚他该坐在桌子的哪边。位子是可以挪动的，一旦清楚认识到处在创造性谈判中的哪个模式，他就开始在谈判中领先了，至少是领先了大半优势。当然，做好防御工作还是必需的，例如避免过度支付或者设定过低的价格，但同样重要的是在整个谈判过程中能纵览全局，做到"旁观者清"。越清楚自己所处的模式和前进的方向，就越能做到尽在掌握，决胜千里，哪怕横生枝节也能镇定自若，不因情绪波动而付出高昂代价。

谈判过程本身是无法预测的。没有一本书能教人赢得每笔交易，甚至能不能完成交易都说不准。不过我们可以确信的是，一旦开始学习创造性谈判，便能拥有灵活的双边思维，赢的概率必能大大增加。

谈判模式的运用也要循序渐进

如同蹒跚学步的孩童一样，创造性谈判者应当先熟悉讨价还价模式，再去学习协作要求更高、更为复杂的模式。 事实上，能够获得丰厚收益、经得起时间考验的合作关系，往往始于讨价还价模式，这时价格因素使双方互不相让。这里有个"揠苗助长"的故事值得关注：

伊娃是个年轻的平面设计师，在纽约一家中等规模的艺术机构工作。她最近升了职，成为部门经理。新职位要求她与外部印刷公司联系宣传资料和产品目录的印刷工作。有一次她来参加我们的公开课，课后非常激动地过来告诉我们她大开眼界，说从没想过与人谈判竟有那么多种方式。

过了几个星期，我受邀去她公司回访，想看看他们公司员工对我们教授内容的吸收、运用情况。我路过伊娃办公室的时候，她指给我看她的新鞋，那是一双很时髦的蓝色露跟鞋。她特别得意地说："我砍价砍掉了 35 美元！"

"太好了，"我说，"最近工作顺利吗？"

"哈，我很开心，有一本小册子明天就要印好了。"

"印这样的册子要花多少钱？"

"我从一个帅哥豪伊那里拿了个好价钱：4 500 美元。"

"跟我说说你是怎么谈这笔生意的吧。他开始报价是多少？你是怎么砍价的？"

"哦，没砍价，"伊娃回答，她并没有跟豪伊砍价，"他是我领导最喜欢的印刷商，而且他的印刷质量真的不错。"

我心里拉起了警报。在生意还没做起来之前就先确立合作伙伴关系，往往会让一方在财务上先损失一大笔钱。"等一下，"我说，"你找别家来比价了吗？"

伊娃说："哦，我可不能这么对豪伊。我觉得这么做对不起他，他像我们家人一样。"我能想象到这个情况。豪伊甚至邀请伊娃到他家里和他的太太、孩子共进晚餐。很显然他十分讨人喜欢，并且是个非常出色的销售。

我没有放过这一点："可是你怎么知道这笔交易划算？"

"因为豪伊给了我特价。"

培根说得没错："知识就是力量。"伊娃欠缺议价能力，因为她不知道公司与她这位新朋友做了多少生意。在我的怂恿下，伊娃查了一下公司账目，发现豪伊与公司有相当多的生意往来，金额每年大约在 30 万美元。豪伊的公司只有他一个人，这些生意占到了他总收入的三分之一还要多。

我说："我觉得你有权力跟这家伙谈谈价格。"我让伊娃去找两家公司来报价竞标，下班前来告诉我结果。她以前从未做过这种事。她打电话问的第一家印刷公司报价 4 200 美元。第二家还不等她压价，直接报价 3 900 美元。以此看来，豪伊的报价确实是"特价"。伊娃就因为与他合作很开心便支付了高价。

"现在，我想让你做件事，"我说，"给豪伊打个电话，告诉他市场价大概在 4 000 美元，然后问他能不能做。"

伊娃皱起了眉头："如果他不降价呢？"

"那你就说，我们各退一步怎么样？"

"如果他不退呢？"

"那你就告诉豪伊，'听着，我只需要你降 100 美元就行了。'我保证他会同意的。如果他不降，我会给你 100 美元。但你必须试一试。"

虽然我看得出来，一想到要与豪伊发生冲突，伊娃有点不安，但她还是同意一试。第二天我们见面时，她很开心地说："好啦，还是让豪伊做这笔生意。"

"多少钱？"

"你不会相信，只要 4 000 美元！"她跟豪伊谈价格只用了 15 秒。印刷商帅哥发现伊娃做了市场调查后，很快同意按市场价收费，好让他的大客户感到满意。尽管伊娃这次没有像见到失散多年的亲人一样热情地对待豪伊，但她为公司省了 500 美元。不仅如此，我觉得她学到了重要一课，并将终身受益。

在这次回访结束后，过了半年时间，有一天，我在市中心一家咖啡店和伊娃偶遇。她从公文包里掏出公司的新年报，四色印刷，设计新颖，从各方面看都制作精良。"真漂亮。"我说，"印这个要多少钱？"

"大概 4.5 万美元。"

"豪伊做的？"

"对的。"

"告诉我，你是怎么谈的价格？你的目标价格是多少钱？你可以接受多少的报价？砍掉多少钱？"

"哦，我就按他的报价来的。"

"等一下，你都没砍价吗？"

"啊，没有。"我感觉之前教的内容都被风吹得没影儿了。

作为伊娃的谈判导师，我尽力了。不过我倒是给自己上了一课。没错，我让她"旁观者清"，帮她对谈判过程多了点了解，但是她自己"当局者迷"，不明白为什么我们打心底里不愿意与人谈判。在现实面前，伊娃屈服了，许多生意人都这样，无论男女。伊娃退回到自己的舒适区，只要预算允许，买家往往都不想去质疑卖家的报价。为了回避冲突带来的关系紧张，他们采取放任态度，哪怕是牺牲自身利益。

总而言之，创造性谈判不是一套按部就班的操作指南，它是一种独特的思维模式，一种全新的看世界的方式。没有正确的心智模型，再好的战略也是纸上谈兵。我们将在第 3 章重点谈谈这个问题。

创造性谈判指南

- 谈判各不相同，可视情况在讨价还价模式、创造价值模式和关系导向模式中做选择。

- 讨价还价模式是争夺利益的零和博弈，通过刺探对方的底线，可以明确自身的客观需求，从而获得优势位置。

- 利用创造价值模式可以获得额外价值。通过互相让步、匹配己方资产与对方需求，可以实现扩大交易范围的目的。

- 关系导向模式以优化长期价值为目标，双方开诚布公地面对分歧，可拓展更多合作机会。

- 明确自己的谈判模式及谈判方向至关重要。但同样重要的是建立适宜的心智模型，将所学技能付诸实践。

Creative
Conflict

第 3 章

创造性谈判者的
行为特质

对谈判结果期待越高，
越容易在谈判中占上风。

Creative
Conflict

如果对任意一个组织进行深入了解，人们总会发现有这样两种人：一种是内部人，他们因循守旧，竭尽所能融入集体并忠于集体；另一种是外部人 ①，他们叛逆好争论，让对抗不断升级。据《纽约时报》专栏作家戴维·布鲁克斯（David Brooks）观察，尽管内部人和外部人在性格上有着显著差异，但这两种人也有很多共同点：对于这个世界，他们黑白分明、孤注一掷，要么顺势而为，要么见弃于人，他们往往防备心强、思想僵化、内心焦虑、惶恐不安。

在谈判场上，外部人往往很强势，如果不能大获全胜，他们宁可毁掉这笔交易。我曾经认识一位名叫迈克的分包商，他就是个喜欢拒绝别人，但能力出众的人。迈克是水泥供应商，谈生意时他只关心自己能否得到最好的交易条件：最优的价格、最好的付款条款、最宽松的交货时间。迈克对待每笔生意都锱铢必较，全力以赴。光赢还不够，他非得和对方争个面

---

① 内部人，即合群的人，与集体的立场和观点一致的人。外部人，即社交边缘人，较难融入集体。内部人和外部人也是经济学名词，内部人属于组织内部员工，享受正常工会提供的待遇，外部人是指自由职业者，双方存在利益冲突。——编者注

红耳赤，不达目的绝不罢休。有一次我们坐在一起闲聊，我问他是不是表现得有点过于强势了。

迈克回答："要是你一示弱，就会受欺负。"他深信每个人都可能敲他竹杠，因此每次谈生意时，他都毫不客气。由于通常情况下对方都会退让，所以他总能达到目的、赢得胜利。但最终他遭遇了失败。当人们和迈克交往不断受挫时，迈克面临他和所有人生意关系破裂的境况。即使他砌砖石砌得很好，也不再有人想和他打交道，因为人们在与他合作时感到自己像是被绑架了一样，与承受的压力和感受到的愤恨情绪相比，和他合作实在不太值得。迈克手下的工人也跳槽了。最后他一无所有，被人排挤在合作之外。他过于在意自身利益，用力过猛。这个故事对于那些做事不留情面、斤斤计较的人来说，具有警示作用。

然而在管理层客户中，我们听到的大部分抱怨却恰恰相反。他们告诉我们："我的下属太容易妥协了。我怎样才能让他们变得强硬些，不要为了达成交易，没谈到期望条款就妥协？"或者换句话说："怎样才能让员工拥有谈判思维？"

事实上，这不是个简单的问题。人类想与他人和谐相处的愿望是源自内在需求，这种行为可以追溯到我们最早在非洲稀树草原上的原始人祖先。那时，原始人只有团结在一起才能生存下去。如果被排斥，等同被判了死刑，这会给人带来原始的恐惧感。人一旦被排挤，能在草原单独和剑齿虎抗衡并生存的机会非常微小。

在一两百万年后，人们仍然感受到顺应集体的必要。例如，在青春期，人们会感受到来自同辈的压力；在职场，与他人合作这种美德在集体的道德体系中仍占绝对优势。为了晋升，人们需要展示良好的与他人合作的能力，包括领导、同事以及直接下属。如果有一位职场新星擅于利用人际关系，并不断得到晋升，同事们对此表示不满，那他们没有领会人际关系的实质。在当今的商业文化中，人际关系至关重要，我们在第 13 章中会谈到，利用人际关系可以压制内部异议。在《哈佛商业评论》（*Harvard Business Review*）中，有一篇经典文章曾指出："我们认为其他团队成员希望我们做什么，我们就做什么；我们认为别人希望我们说什么，我们就说什么。"

在对外谈判中，内部人渴望与对方达成一致，因此不会轻易提出反对意见或者争取更多好处。比如回避型人群，像第 2 章中提到的伊娃，会急切地用一个"好"来快速结束冲突。接受型人群则会尽职尽责地进行各种讨价还价，但在谈判的最后关头被对方压垮。这两种类型的人都会出卖自己的利益，而接受降级的交易。为什么认清这些很重要？因为这关乎你们公司能否在市场上保持领先地位。假如你的竞争对手更坚定自信，并取得价格优势，那就意味着你们要与市场份额挥手告别。

我们谈判培训机构的大部分工作，就是找出各类谈判者有不同谈判风格的原因，诊断出问题症结并加以纠正。然后我们从行为经济学角度分析找到了一些答案，行为经济学是一种将经济问题与心理学有机结合的现代学科。18 世纪的亚当·斯密等人提出的古典经济学理论认为，人类是相当理性的，其行为完全被自身利益和金钱利益驱使，即"经济人"① 假说。

---

① 经济人在西方经济学中指不抱其他动机，只追求经济利益，并按经济原则进行活动的人。自亚当·斯密以来，一些资产阶级经济学者常从这种抽象的"人"出发研究经济现象。——编者注

虽然这个经济人假说长久以来有着非凡的影响力，但在前几年遭受了严厉批判。诺贝尔经济学奖获得者理查德·塞勒（Richard Thaler）提醒人们，人类行为是一种复杂的现象。影响人类行为的，除了有资产负债表，还有恐惧感和客观公平，对他人的关心，以及对他人如何看待自己而产生的焦虑。塞勒认为，这些"被认为无关紧要的因素"，实际上却"至关重要"。

实际上，塞勒的论点完全适用于对本书的主题论证。抛开线上拍卖不谈，谈判的主体不是冰冷的机器，而是有血有肉的人，谈判过程受到人的各种感受、主客观因素和多种动机的影响。尤其是在讨价还价时，许多主观因素会影响人们对价值的判断，影响人们决定哪些需要争取、哪些可以让步。在谈判的紧张时刻，人们可能会忽略坐在谈判桌另一边的对手也都是人的事实，他们也在审慎地分析和举棋不定之间，在严厉的纪律和盲目的冲动之间，在冷静的思维和激动的情绪之间进退维谷。也就是说，对手的处境跟自己是一样的。

总之，行为经济学最重要的贡献，是解释了预期中人的理性行为和实际行为之间的差距。现在，我们来谈谈该领域的一些具有里程碑意义的观点，以及它们如何被应用在创造性谈判中。

厘清社会环境和市场环境的界限

丹·艾瑞里（Daniel Ariely）在《怪诞行为学》（*Predictably Irrational*）一书中写道："我们同时生活在两个不同的世界。"一个是交易模式的商业世界，另一个是温暖且逻辑模糊的人类世界。第一个世界由市场规范主导，人们期待有付出就有回报；第二个世界由社会规范主导，人们建立社区并互相友爱，人们互相帮助却不图回报。一旦人们混淆了这两个世界，问题就产生了。艾瑞里设想了一个例子，倘若一位女婿在社交场合将市场规范使用在与岳母的交往中，那他大庭广众之下就会有失礼行为：

> 女婿感激地望向坐在桌子对面的岳母，站起身来掏出钱包，然后说道："妈妈，您为我们付出了这么多的爱，我该付您多少钱？"他很真诚地问岳母。聚会上顿时鸦雀无声，他手里抓着一把钞票挥舞着继续说："您觉得 300 美元够吗？不，等等，我应该给您 400 美元！"

尽管这种失礼行为看似怪诞，但类似的错误在谈判者身上总是发生，只不过这次是由于相反的原因。正如第 2 章中的伊娃，人们会将社会规范误用到市场环境中。饭局上一两杯酒下肚后，买家可能对卖家不假思索地吐真言："我很高兴你们来投标！你们不仅产品很棒，而且你们是唯一能够满足我们交期的供应商！"买家为什么会透露这样的敏感信息？因为人们习惯对朋友慷慨大方。而买家此时错用了社会规范，那他就白白浪费了所有的谈判优势。

人们被定义为社会性动物并非毫无道理。人们大多数时候是生活在社会环境中，而非市场环境中。人们很重视社会道德：善良、分享和自我牺牲。**社会规范引导人们服从，而谈判原则是与社会道德相悖的。**在我们培训机构组织的为期两天的研讨会上，第一天结束时我们给与会人员布置一项作业：走到现实世界，去挑战一个看起来像是一口价的价格，第二天再回到研讨会上汇报。挑战的对象可以是任何事物，比如，晚餐时要一份免费甜点，去商店购物时要求打九折，去商场买牛仔裤时砍掉几美元的价格。最后令大家惊讶的是，在开口砍价的人中，有超过一半的人成功了。然而这里有一个限制因素：这么多年来，只有不到四分之一的人敢于开口砍价，即使我们的与会人员都是从事谈判工作的专业人士！

从事服务行业和销售的人员都接受过关于亲切待人的培训，如果我们提出打折要求，那说明我们对他们的报价有不同意见。谁会想让一个新认识的朋友失望？根据多年来的非正式实验，我们可以肯定，绝大多数人宁愿多付一点钱，也不愿冒与人起冲突的风险。

谈判的棘手性是双重的，因为它同时受市场规范和社会规范的影响。严格来说，谈判完全是公事，但谈判者又近距离、面对面地相互打交道。谈判过程中，谈判者在什么时候结束寒暄，什么时候开始谈正事，这个界线并不总是很清晰。比如，一开始你和对方见面，聊聊运动、爱好，以便更好地了解对方，像销售员就很擅长闲聊，闲聊是一种让客户放下戒备的技巧。然后当你不知不觉开始正式谈判时，你的竞争意识就会减弱。

我们并非要人们以不友好的态度为人处事。人们愿意和讨人喜欢的人做生意。事实上，和对方建立融洽的关系后，通常更易于获得对方更大的让步。但在讨价还价过程中，尤其是在两个相互陌生的谈判者之间，谈判过程是由市场规则来操控的。与人为善是必需的，但是不要过多在对方利益上徘徊，以免无法坚持己方利益或无法拒绝对方要求。

当双方建立起稳固的人际关系，社会规范便会逐步发挥更大作用。但请记住一句古老的谚语：**最艰难的谈判是与朋友的谈判。**像我们之前提到的，竞争永远不会完全消失，哪怕它只是在幕后悄然进行。

控制情绪，而非摆脱情绪

同塞勒一样，行为经济学家丹尼尔·卡尼曼（Daniel Kahneman）[①]也获得过诺贝尔经济学奖，这对一位在大学从未上过经济学课的心理学家来说，是一个了不起的成就。2013 年出版的卡尼曼的代表作《思考，快与慢》（*Thinking, Fast and Slow*）永远改变了理性人假设。该书的书名就指出在我们的大脑中，存在互相争夺支配地位的两种思维系统机制：第一种是无意识系统，它依赖直觉、第六感和经验快速判断；第二种是有意识反思性系统，它更具有逻辑性，具有深思熟虑的一面。

无意识系统是不自觉的、不费力的，这是人们的默认系统机制。卡尼曼指出，人们一般情况都像处在"自动驾驶状态"，如做简单的加法、去空旷的道路上行驶，或者注意到朋友脸上关切的表情。如果没有无意识系统，人们会活得很累。但是，如果让无意识系统自行决定一切，人会很容易或是鲁莽冲动，或是上当受骗，或是过于自信、充满偏见。在谈判时，人们可能会自然而然地微笑，点头表示同意，以此取悦对方。或者，人们也可能会因对方不同意自己的提议而勃然大怒。人们会认定自己的提议是正确的，因为是自己提出来的！**人们的无意识系统狭隘、主观地只关注当前的冲突，以至于无法从更广阔的角度重新审视交易。**

这时候就轮到有意识反思性系统进场了。人们无法摆脱情绪的影响，当然也不建议这样做，但可以有意识地控制情绪。人们可以避免那些能增加谈判风险的轻率反应行为，比如，双方从在金钱问题上的分歧，升级为

[①] 丹尼尔·卡尼曼是诺贝尔经济学奖得主、"行为经济学之父"，其经典力作《噪声》系统性地论证了噪声是导致人类判断失误的根本原因。该书中文简体字版已由湛庐引进、浙江教育出版社 2021 年出版。——编者注

在谈判地位或自主谈判问题上的激烈冲突。如果对方以一种敌对的方式行动，那么可能只是一种战术，这一点我们将在第4章谈到。相应地，人们也可以采用对自己有利的战术，前提是保持理智，控制好自己的无意识系统，尤其是当沟通和谈判是在线上进行时，这一点尤为重要。在电话或视频会议上，对方的肢体语言或面部表情通常会被忽略，要传达的信息信号可能被误解。在这种情况下，缓慢而稳重地行动，不要仓促行事或过度反应，这些显得更至关重要。

如果对方一直处在敌对状态，那么有意识反思性系统有助于缓和事态。 这是在讨价还价模式和创造价值模式中使用的主要技巧。人们做的决策并不总是完美的，但停下来仔细思量，可能会做出更好的选择。下面是一个简单的例子。

买　　家：如果我们平分差额呢？

1号卖家：（急切地）当然，成交！

2号卖家：（愤怒地）你疯了吗？算了吧！

3号卖家：（拿出手机，用20秒的时间计算一下。）对不起，我认为这对我们来说不太合适。我要和领导谈谈，然后再回复您。

3号卖家放缓谈判进程，争取一些思考时间，关闭了自己的无意识系统，重新恢复了镇静。3号卖家是真打了电话跟领导讨论还是作秀，这不重要。他可能只是去了趟洗手间，或者是做了深呼吸，或者慢数了10个数，这种做法的关键是，找到一个机会激活人们的有意识反思性系统，虽然这个系统反应较慢，但更冷静，更镇定。再举个例子：

　　一位客户经理正在与一家电信公司的采购经理商谈一单 20 万部手机的销售订单。卖家的成本是每部 48 美元。经过双方一番激烈的谈判，他的报价已经被迫降到 50 美元，达到他设定的底价，而买家坚持以 49 美元成交。双方都不肯让步。最后买家说："好吧，你谈价格的能力太厉害了。我提议我们以 49.75 美元成交吧。"

　　但卖家说："我跟您说过，低于 50 美元我不能接受。""得了吧，"买家说，"讲讲道理，就 25 美分而已！这个季度市场很惨淡，你还要把这笔生意搞砸吗？"

当下时间已经很晚了，客户经理又累又饿。他的无意识系统全速运转：这家伙说得对，只差 25 美分而已！成交吧，这样我们就都可以回家了！客户经理点点头，喃喃自语地表示同意，然后疲惫地瘫坐到椅子上。直到他到了停车场，他的有意识反思性系统才开始运转，计算起了利润。在这个萧条的季度，他的公司将因此损失 5 万美元，这是他向老板承诺的一大块毛利。这个故事的寓意是什么？它告诉我们，我们的无意识系统在价值量化方面不那么在行。

　　人们可以在上述内容中添加一个限定条件：通过大量的反复实践，有意识反思性行为就可以成为无意识行为。钢琴演奏家和神经外科医生可以验证这一点。**只要通过实际操作获得更多经验，不断提升技巧，人们的谈判直觉就会使谈判风险越来越小，直觉反应越来越可靠。**

善于给予，也善于接受

　　格兰特在他 2014 年出版的现代经典著作《沃顿商学院最受欢迎的思

维课》（*Give and Take*）中阐述了工作场所中出现的 3 种回报行为模型：

- **获取者将世界视作一场竞争异常激烈的赛跑。**他们认为没有人会在意他们，所以把自己的利益放在首位。他们也可能会选择战略性地帮助他人，但似乎也仅限于收益大于付出的状况下。
- **互利者的做事原则是有来有往。**别人帮他们一个忙，他们会给予相应回报，不会多、也不会少。在他们帮了别人后，互利者也期望获得同样的回报。人们可将他们视作市场规范的化身。
- **付出者关注他人多于关注自己。**他们密切留意别人对自己的需求，无论是时间、想法还是思想指导。根据格兰特的说法，这类人在工作场所里很少见，但他们的行为方式是人们对待家人和朋友的典型方式。

在任一领域，人们都会在相关图表的顶端看到付出者的存在。许多研究显示，付出者提前付出，与获取者和互利者相比，付出者是工作效率更高的工程师、业绩更好的销售员。格兰特提出，这些高绩效人士在做决策或者设定极限时，往往颇具战略眼光。最重要的是，他们学会了如何在需要时获取帮助。他们善于给予，也善于接受。"成功的付出者同获取者和互利者一样有野心。"格兰特在书中写道，"只是他们追求目标的方式不同。"

不过，同样的研究也发现，有相当数量的付出者聚集在钟形曲线的另一端，他们是效率最低下的劳动者、失败者，至少在他们同行的眼里是这样。这些人哪里做得不对？根据格兰特的说法，这些不幸的纯粹的付出者在寻求他人帮助或支持时会觉得尴尬。他们一味地付出，直到井水干涸。我们认识一位年轻的旅行代理人，他聪明、勤奋，但销售业绩一直不达标。我们跟他谈了 10 分钟，然后找到了问题所在。他对潜在客户极其慷慨，免费为他们提供省钱的方案……客户们接受了他的方案，通过网络预订行程，省去了一笔服务佣金。结果这位代理人和他的旅行社都蒙受了损失。

上述这些情况，与谈判有什么关系？事实上，关系很大。格兰特的 3 种回报行为模型恰好映射了我们的创造性谈判模式。零和博弈中的讨价还价者必然是获取者：他们的收益建立在对方的痛苦之上。创造性谈判者是互利者，他们会通过精准的公平交易使双方都受益。**擅于处理人际关系的关系导向者普遍是付出者，他们乐善好施，即使短期内会让自己处在劣势位置。**

这些等式并非绝对。在创造性谈判的任何环节，只要适度，有建设性的付出都是有可能的。单向的讨价还价需要谈判者付出大量时间和精力才能达成谈判目的。相反，即使是在战略伙伴之间，不计后果的付出也是有害的。简而言之，将被动式付出和协商式付出进行区分很重要。**被动式付出者为避免冲突而让步，最终导致交易受阻，期望值降低；协商式付出者慷慨大方，但他们更具目的性，会专注于长远目标，不会被束缚在明确的回报上。**

我们相信，只要拥有正确的心智模型，任何人都可以成为成功的协商式付出者。

灵活的思考能力

人们早年形成的心智模型塑造了他们的行为模式，尤其是在面临压力时。如果心智模型建立在愤怒或怀疑的基础上，那么人们的行为也会以同样方式呈现。不过，人们的心智模型并不会持续不变。创造性谈判始于一种被重新定位后的心态，一种进行逆向思考、创造性思考，有时突破舒适区的意愿。这里我们并非建议改变个性或性格，而是深入了解自我，从而相应调整自己的行事风格。**我们在谈判时运用更多的是外在自我，而不是难以捉摸、抗拒改变的内在自我。**格兰特在这方面提出了极好的建议："注意我们是如何向他人展示自己，然后努力成为人们口中的那个自己的。"他建议，将目标定为"真诚"，而不是"真实"。积极的心智模型建立在一个与外部世界建立联系的灵活框架上。

此前提到的伊娃和迈克都被消极、僵化、单一的心智模型束缚。伊娃困扰于别人对她的看法，迈克则担心受到他人的伤害。避免冲突，还是对抗冲突，这两个选择都是有害的。有些人在两个选择之间摇摆：他们尽可能对分歧闭口不谈，暂时回避冲突，最后忍无可忍以至爆发，大发脾气。

根据神经学的研究，人类一触即发的无意识系统一直不断进化。这是一种史前就形成的系统机制，它的生理机制嵌在人类大脑的杏仁核中。杏仁核是哺乳动物大脑的边缘系统深处的一对杏仁状神经元簇。当人类祖先受到围攻时，杏仁核会刺激血液流动到他们四肢肌肉，并释放少量肾上腺素以增加肌肉力量和提高反应速度，做出或战或退的应激反应，使他们能够击退氏族部落攻击，或躲避浑身覆毛的猛犸象。

不过，这里存在一个问题。人类古老的应激反应将血液和氧气从大脑皮层的额叶分流出去，而额叶是人类的执行推理中心。除非人类有意识地进行干预，否则感性大脑将战胜进化时间较短的理性大脑。当人类感受到威胁、面临压力反抗时，古老的应激反应会阻碍人类灵活应变的思考能力。若想进行创造性谈判，人类需要压制杏仁核过分发挥作用，恢复大脑皮层行使应有的权威。

积极向前的自信

如果人们看过职业足球赛，可能会注意到成功的球队都有一个共同特征：无论是进攻还是防守，他们总是在寻找机会向前冲。他们不是鲁莽地向前冲，而是稳重地进攻或反击。明星球员的球技出众，同样他们的肢体语言也很引人注目，他们的身上散发出一种积极向前的自信，我们称作脚踩前方。

谈判时脚踩前方，指的是提高对结果的期待。美国著名管理学大师史蒂芬·M. R. 柯维（Stephen M. R. Covey）在 2008 年出版的《信任的速度》（*The Speed of Trust*）中写道："渴望胜利的心态会增加获胜的概率，帮助我们获得更好的成绩。而更好的成绩有助于提升我们的信誉和自信，进而引导人们对自己有更积极的自我期待，从而赢得更多的胜利。这种正向循环还会继续下去。"这是皮格马利翁效应[①]的自我引导版本。**设定更高期望值的一方，通常会在交易过程中占上风。**

脚踩前方的谈判者有一种积极进取、有斗志的心态。他们开始时准备充分，很少打无准备的仗，或出现仓皇失措的神态。他们坚守自己的利益，不会仓促让步。只要一踏入谈判室的门，就要像谈判者一样思考，把满满的自信与控场能力展现在脸上、声音里和姿态里。我们见过的最好的谈判者之一，是一位名叫梅尔·克莱曼（Mel Klayman）的卡拉斯谈判培训课程里的资深学员。比如，当谈判谈到关键时刻，双方都能感到现场气氛极其紧张，此时克莱曼在座位上身体前倾，微微一笑，对方几乎可以听

[①] 皮格马利翁效应，也称罗森塔尔效应，指的是教师对学生的殷切期望能戏剧性地收到预期效果的现象。——编者注

到他脑子里的声音：好吧，谈判开始了，这一定会很有趣。克莱曼的放松和自信让对手感到不安，也遏制住了想退出的冲动。虽然别人倍感压力，但克莱曼享受其中。

谈判者的绝佳心态是：没有我，对方无法达成这笔交易。这样的心态让谈判者确立自己的重要地位，脚踩前方。这样的心态对销售员特别有用，因为买家通常有其他选择，因此在交易中占据高地，他们最喜欢用这样的台词来打击销售员："你的竞争对手供应的产品跟你的一样，价格还更便宜。"此时销售员应该思考：如果竞争对手的产品那么好，那他们为什么不用呢？他们为什么还让我来做介绍？事实上，卖家收到报价要约邀请肯定有原因的，买家不是在做慈善事业。我们将在以后的章节里说明，在每场谈判中双方都面临着压力。记住这一点，人们会发现脚踩前方会更容易些。

愿意与不确定性共处

20世纪60年代，美国心理学家乔伊·保罗·吉尔福特（Joy Paul Guilford）设计了一项关于创造力的测试，这是一种对发散性思维能力的评估测试。发散性思维，是针对问题设想出多种解决途径和方案的能力。拥有发散性思维的人，都具备自发性强、执着的特点，并且有永无止境的好奇心。不同于具有二元思维的人，他们的灵活性非常强。同时，与具有辐合思维[①]的人不同，他们对寻找丰富的非线性联系比找到一个正确答案更感兴趣。

---

① 辐合思维是一种能够聚焦问题并解决问题的思维方式，注重从众多可能性中选择最优解决方案。——编者注

　　具备发散性思维是进行创造性谈判的要点，就像文学或雕塑作品一样，谈判中没有预定的解决方案，也没有绝对完美的交易价格。正是因为存在许多解决方案，买卖双方才需要谈判，也许可能达成许多协议，但本质上说，没有哪一个协议比另一个更正确。创造性谈判者愿意接受长期的不确定状态和无法判断的状态。他们可以在紧张的氛围里，一直保持双方观点交锋的状态，不会过早肯定任何一方的观点。或者如卡尼曼所说，他们"支持彼此冲突的多种可能性"。

　　这种思维方式并不完全是天生的。**大多数人对不确定性感到不安，因为他们将不确定性等同于危险。**在有冲突存在的状况下，他们的无意识系统会接管。他们被头脑中偏执的默认模式所困，催促着要求达成确定的结果，结束冲突，即使结果可能并不美好。这类人并不具备谈判者的思维模式。

　　那些能够站在双方立场上审视局面的人，能够普遍找到调和对立观点的方法。最终人们会发现他们的回报是丰厚的，那是一个关于未来的非常清晰的画面，能够明确地告诉他们自己是谁，目标是什么，以及如何达到目标。

保持开放的心态

　　具有发散性思维的人既不是内部人也不是外部人，他们处在中间地带。戴维·布鲁克斯将他们称作"内部边缘人"，他从方济会修士理查德·罗尔（Richard Rohr）那里借用了这个说法。当人们处在事件的中心时，罗尔写道，人们容易"混淆本质和非本质"。同时他还写道：

如果你处在任一事件的边缘位置……你便处在一个非常幸运的有利位置……你既不是一个往人身上扔石头的外部人，也不是一个维护现状的生活安逸的内部人，你把忠诚的内部人和有批判精神的外部人的不同观点同时紧密结合起来，你是一个行事不确定的人。

处在内部人的边缘位置，这能让人保持谦卑。罗尔说，"认为我们知晓一切问题的答案"会让我们成为"傲慢、虚假自信、故步自封的人……知晓答案在技术层面和现实世界中是一种优势，但在哲学、艺术、诗歌、创新和企业的世界中是一种负累"。

我们认为谈判属于上面所说的第二个世界，与其说它是一项工程，不如说是一种艺术。创造性谈判者不会轻易下结论。他们不急于做判断，而是提出大量问题。他们的好奇心很重，这尤其重要。他们不会切断与外界的联系、坚守自己的壁垒，而是愿意敞开心扉、倾听对方的意见，哪怕他们最终并不同意对方。站在内部人边缘位置，创造性谈判者会说："这是我的提议，我觉得我的提议非常好，但我愿意听听看你有没有更好的。"

如果人们想要在谈判中使用创造价值模式和关系导向模式，那么具备发散性思维在谈判中就必不可少。要想产生共情并非易事，但只要努力就终有回报。即使自己的想法确实比他人的更好，但也不可能完美无瑕，毕竟人们都有思想盲区，因此，要集思广益。经过一番自由的思想碰撞后，处在内部人边缘位置的谈判者获得了难能可贵的清晰思路，突破性地找到任何一方不可能单方面想出的解决方案。

即使是一次性的谈判，在激烈的争执中，保持开放的心态也是可贵的。人们花费时间和精力找到对方的弱点，就是在为赢得更好的价格积累谈判杠杆。让对方来自己的阵地上埋伏，人们可以趁机强化自己的弱点，以便在未来的争执中不给对方可乘之机。从片面固守一方利益的漩涡中挣脱，人们也一并将谈判从具有破坏性的紧张氛围中解放出来。

本书的一个目的，就是帮助人们更有成效、更有智慧、更勇敢地进行谈判，少一些畏惧和相互厌恶。我们在第 4 章将重点讲述。

Creative
Conflict

创造性谈判指南

- 谈判是一个融合了市场规范和社会规范的复杂过程。

- 回避者、接受者和拒绝者的最大敌人是自己。轻易妥协会导致自身利益的丧失。

- 虽然人们在谈判中不能摆脱情绪，但可以控制情绪。当人们放慢速度时，人们的有意识反思性系统开始启动，进而克服自身的恐惧、焦虑和愤怒情绪。

- 创造性谈判者具备发散性思维，相信每个问题都会有多种解决方案。

- 进行创造性谈判时，保证自己处在内部人边缘位置非常重要。在这个位置，人们可以自信地申明自己的观点，同时对别人更好的想法持开放态度。

Creative
Conflict

如何用创造性谈判
赢得零和博弈

Creative
Conflict

●

第 4 章

直面讨价还价
模式中的冲突

对抗性冲突是
创造性谈判最大的敌人。

Creative
Conflict

讨价还价模式是最古老的谈判模式，贯穿大多数交易过程的始终。心理承受能力差的谈判者不适合运用这种模式。既然双方要对一个已决定好的确定利益进行分割，那么最终要么一方受益、另一方受损，要么一方得利、另一方吃亏。双方都在琢磨，怎样做才能既达到目的，又尽量少让步？这种心态是引发冲突的"秘诀"，而冲突又让人畏惧，于是双方的表现最终倾向于两极分化：比如在前文提到的伊娃和迈克的做法，一种是被动接受，一种是恶意胁迫。两种表现的最终结果都不会让人满意。

在这两种表现之间存在不易把握的缓冲区。无论是简单粗暴的讨价还价或哄抬价格，还是更为复杂的交易磋商，虽然富有创造力的讨价还价者表现强硬，但也会平衡势态。即使双方各自立场坚定，他们也不会冒犯对方。他们一边估算对方有多大灵活度，一边阐明自己的要求。在时机合适时，他们也会进入创造价值模式。即使拓宽交易范围的可能似乎并不存在，但哪怕是最基本的一次性交易，讨价还价模式里也可以包含创造性谈判的成分。总有一种策略可以提高人们的报价在对方眼中的感知价值，这就需要人们合理地探查通过和对方交换可以得到的价值，以及那是不是自己的真正需求。

运用好讨价还价模式是有难度的，这是因为人们固守在己方阵地，当被对方挑战时，人们会感到被冒犯。双方都非常主观地各执己见。当双方在价格上发生冲突时，价值就会被过分鼓吹夸大，那么双方的差距会进一步加大。此时，哪怕是微不足道的让步请求也会激起负面情绪，以至于双方视野变窄，无法看清局面。正如美国著名心理学家威廉·安东（William Anton）所说："当面对压力时，我们做出的惯性反应的强度、频率和持续时间都会增加。"

对抗性冲突是创造力最大的敌人。随着形势恶化，人们感到无路可退，陷在冲突里无法自拔，看不到还有其他的可能性促成更有利的交易。很多谈判进展不顺利，是因为人们在谈判过程中感到被缚住了手脚，甚至感到窒息。最终因为压力实在太大了，只要能够从中逃离，人们便仓促地在文件虚线上签字了事。本章内容的一个目的，就是讨论如何卸下这些恐惧和厌恶的包袱，以及展示克服它们的方法。

避免对抗性冲突

我们之前提到，讨价还价模式是零和博弈，竞争在博弈中占有重要地位，谈判目标就是以最有利于自己组织的条款达成交易。但是即便如此，竞争并非谈判全部。**如果双方不能辩证地看问题，只看到竞争而忽视合作，交易进程就会搁浅**。无论交易结果看起来多么惨烈，双方必然在以下事项上达成了一致，否则交易根本无法完成：

- 双方在立场上存在异议，尽管有实质性的不同，但值得共同努力去解决。
- 双方有理由相信，达成协议比放弃谈判，可以让自己获得更多利益。

● 双方愿意进行合作，增进对各自需求的了解。

但别搞错，讨价还价模式总是具有对抗性的。只要运用这种模式，人们就是在争夺较大块的蛋糕。但是，如果人们花点时间和精力去解释各自立场，就给了对方比价格让步更有价值的东西。双方通过信息共享，哪怕是因战术原因会有所保留，也能清楚地了解对方资产情况和自己更深层的需求。**假设人们达成了交易，就相当于已经展开了合作，这是一个从无到有，从互相对立到达成协议的过程。**

郑重提示，展开合作和向对方妥协可不同，必须能够区分两者差别。每一个谈判者都憧憬能遇到伊娃这样的人，因为与伊娃交手总能得偿所愿。但也要注意：轻易同意的人，可能并不是真正地同意。他们频频点头，可能只是出于友好相处的心理模式，并不代表他们真正支持协议内容，以后很可能会大失所望。也许这些人会讨厌你，临近签约又改变主意。或者他们的领导会驳回他们的意见，重新派来更强硬的人取而代之。这样，即使冲突暂时被压制，但还会再次出现。如果试图掩盖问题，那么它可能会在人们最不经意的时候冒出来，那时候就要为掩盖问题付出巨大代价。

不用担心，明码实价只是策略

在谈判中，引发冲突的根源是所谓的标准价，表面上看起来牢不可破。"这是我们的底价，我也没办法。"卖家会坚持这样说。或者卖家会说："您想打折？您开玩笑吗？这产品太好卖了，接下来得限量销售了。"或者，买家耸耸肩说："我的预算就这么多，实在拿不出更多钱来了。"

除了极个别情况外，这些人都没有说实话。跟酒店客房的门市价一样，明码实价只是一种策略而已。如果不还价，人们就只能接受这种规定价格。要不要通过战略战术争取一下降价的空间，那就是自己的事了。

明码实价绝非自然产生的。在人类几千年的商业活动中，明码实价较晚出现，是一种新现象，在欧洲大约有 300 年的历史，在美国大概有 150 年的历史。1876 年，美国百货商店之父约翰·沃纳梅克（John Wanamaker）在宾夕法尼亚州的费城用自己的名字开设了一家百货商店，他将本州贵格会倡导的"固定价格"变成一种商业惯例。沃纳梅克是享有盛誉的正直且勇于革新的人，是第一家提出退款保证的零售商。他还喊出了那句著名的口号："虔诚的基督徒相信在上帝面前人人平等，也相信在价格面前人人也该平等。"在沃纳梅克之前，人们对每笔交易都可以进行砍价。此后，明码实价使买卖行为更加统一，更有效率。折扣以及假日特卖也随之产生。不过，卖家和买家也随之被剥夺了用更巧妙、更个人化、更有满足感的方式决定待售商品价格的乐趣。

当今世界经济趋于市场透明化，大量数据可在网络上免费获取，谈判机会比比皆是，这是前所未有的现象。无论是招募兼职软件人才，还是为客厅添置家具，价格都是可谈的，哪怕卖家嚷嚷："你让我没钱可赚了！"也没有法律规定卖家一定得盈利，汽车销售就总是亏本，曾有一段时间原油的价格暴跌至 -37.63 美元／桶。有时候卖家囤积商品，大量堆积库存，这些成本要比倾销库存带来的损失要高，此时卖家不如倾销库存，勾销损失。

在接下来两章，我们将详细探讨讨价还价模式的战略战术。这里我们先来看几个放之四海皆准的基本概念：

- **善用竞争杠杆。**不要在没有选择的情况下进行谈判。记住一句屡试不爽的台词："我能在其他地方买到更便宜的。"像大多数策略一样，如果能有事实支撑，这个策略的效果会更好。

- **把握交易时机。**虽然人们购物时常会看看下一次大减价的日期，却不记得问上次减价是什么时候。如果大减价刚结束，人们完全有权利申请个折扣价格。或者也可以问问新款什么时候上市，那时现在的款式就会过时，人们可以等过段时间降价时再来买。

- **发挥权威的作用。**人们可以提出去找销售员的主管，在定价方面他可能有更大的自由度。有时候也可以推出自己的主管作为挡箭牌："我很想买，但我的对象／领导不会同意以这个价格交易的。"

- **随时接受退出。**如果一切都行不通，买家不要害怕退出。如果卖家可以做更大的让步，他们还会请买家回来。如果卖家不让步，买家也可以放下架子再回来。

上面这些小技巧能保证让人们达成一个比较好的交易吗？不会，但是人们肯定赢得多，输得少。当人们在考虑这个问题时，尝试一下也没什么损失。有一点可以肯定：不提问就得不到。企业间的商业谈判中，采用类似的小技巧可以起到很大作用。

直面恐惧，克服冲突

冲突会引发人们产生一系列负面情绪：挫败感、焦虑和愤怒，但其中最普遍的是恐惧。人们担心自己被击败或被操纵。人们会被吓坏，对游戏规则缺乏信心，极端情况下还会感到危险：这场谈判会是什么结果？最恶劣的情况就是人们使用武力手段解决。有时，讨价还价的过程就像是给一个快要喷薄而出的深井盖上文明的盖子作掩饰，就像一场马上上演的混战。虽然不至于转化成一场武力冲突，但即使是像没有人员受伤的汽车小剐蹭，司机们也会争执到底责任在谁。他们互不相让，推推搡搡，最终结果或许更糟。有一次在我们研讨会的总结环节，两位与会人员开始争论在练习环节时谁冒犯了谁，其中一个咆哮道："你再说，你再说，我过去打掉你大牙！"事实上，他可真没开玩笑。

美国作家丹尼尔·戈尔曼（Daniel Goleman）引用美国心理学家多尔夫·齐尔曼（Dolf Zillmann）的研究理论，对上述现象解释道：

> 产生愤怒的普遍诱因是由于人们感到被置于危险的境地。这不仅仅表现为人们受到直接的身体威胁，更常见的表现是对自尊或尊严的象征性威胁、被不公正或粗暴地对待、被侮辱或贬低，以及追求重要目标时被施加的挫败感。

讨价还价的过程是布满象征性威胁的雷区。谈判过程中涌动着充满不稳定因素的暗流，这些因素源自人们对冲突的普遍畏惧，这是人们在谈判桌上做出让步的一个重要原因。人们要么因为恼怒而偏离谈判轨道，要么被恐吓而受人摆布，对结果的期待值直线下降。人们重新评估目标，不断降低目标。如果对方提出一个自己极其勉强能接受的意见，人们立马扑上去，赶快接受了事。遗憾的是，人们将为轻易投降付出沉重代价，不仅自身利益未得到保障，更因为人们会失去探讨更广泛的解决方案、促成更大的交易的机会。其他能让人们产生恐惧的因素比较隐蔽，但其实不会对人们的利益有多少损害：

- **害怕失败。**谈判过程变幻莫测。谈判桌上的筹码往往很高，人们一个错误的决定可能让自己的组织遭受损失，甚至让自己的事业发展脱离正轨。一个好的谈判结果，可以让人们升职加薪；而一个坏的谈判结果，可能会导致人们被放逐到组织的分支机构。流沙定律是存在的。人们越害怕失败，就越可能失败，尤其当人们以"固化心态"对待，觉得自己的能力决定了自己的表现，这是一种"固化"特征。如果失败了，人们认为那是因为自己根本就不行。一旦有了这种心态，下次还会失败。

- **害怕损失**。跟害怕失败同宗同源，这是一种单方面的、非赢即输的片面思想的产物，是对结果的一种过度偏执。狭隘地专注目标价，如果卖家认为低于目标价，如果买家认为高于目标价，这都意味着输了。塞勒和美国作家卡斯·桑斯坦（Cass Sunstein）在《助推》（Nudge）一书中指出，失去某样东西"给你带来的痛苦程度是获得这样东西时的喜悦程度的两倍"。因为讨厌损失，股市投资者不愿购入下跌的股票；橄榄球教练会在第四次进攻时选择让球员踢弃球，哪怕放弃只有一步之遥的胜局也必先断绝对手后路，这与场外分析完全相反。当人们一心想赢、不让一步时，想象力就会停止，人们变得傲慢，甚至开始霸凌。实际上人们完全忽视了对方同样有压力，尤其是对方也非常害怕失去。

- **害怕犯错**。像对待自己的孩子一样，人们会珍惜并捍卫自己的思想。如果别人意见不同，便视他们如同攻击自己的孩子一样，以致当别人反对时，还有什么比这更具侮辱性或威胁性的吗？为了保护自己，人们忽视批评自己的人，认为他们不诚实或愚钝。问题是，没有人是全知全能的，即使自己的想法是正确的或者至少大体正确，从对方立场看，可能也会有些有用的道理。

- **害怕看起来贪婪**。许多人特别在意别人对自己的看法，谈判时不敢表现得太强势。自己是不是越界了？如果自己说对方要价太多，对方会不会感觉被冒犯？会不会拿不到以后的生意了？最重要的是人们想保护自己的形象。人们认为自己很公平，只想要价格公道就好，如果要得太多，就有欺诈之嫌。这种推断是错误的，因为定价在很大程度上是很主观的行为。在行情复杂的市场上做交易，理论上根本无法确定价格是否公道。讨价还价是为了测试市场反应。如果双方进行创造性谈判，公平的交易自然而然地会在适当的时候出现。

尽管人们有恐惧情绪，但大多数交易很少出现直接的冲突场面。现实中，不情愿的讨价还价者可能还没开始谈判，就已经因恐惧而怔住。人们追问他们有什么顾虑，他们说：

- 对方占着上风。
- 对方会否决我的提议，我也没别的提议可以抗衡。
- 我很需要对方，但对方不需要我。
- 这样的谈判会造成一场连环的火车事故，我知道我必死无疑。

这些顾虑反映出人的两个错误想法：其一是喜欢小题大做，放大所有可能的负面因素；其二是结果的注定失败论。可是我们曾指出，谈判双方都既有需求，又有痛点。如果一方不需要另一方，怎么会不嫌麻烦来谈判？像伊娃这样的回避者纠结于自身弱点，不会停下来考虑对方如何使用强迫手段来谈价格的，他们想不到对方可能也像自己一样焦虑和恐惧，或许更甚于自己。追根究底，谈判的本质就是不确定性，因为每笔交易都包含许多可行的解决方案。如果结果早已注定，双方一开始也不会想要坐下来交换想法。

像谈判者那样思考意味着接受谈判过程中的不确定性。就像读一本谍战小说，人们不知道故事结局是什么，尽管不时地会感到神经紧张，但因为结局充满无限可能，人们便觉得很刺激，决心坚持看到最后。讨价还价者如果回避冲突，就永远不会知道本可以争取到对方多少让步。**如果仓促地决定取舍，就可能永远发现不了自己的真实需求。**

创造性谈判，说起来容易、实施起来难，这要视具体情况和对方性格而定。如果谈判没有进展，人们也不太喜欢对方，讨价还价的过程可能会令人产生挫败感，此时人们很容易放弃，希望赶快进入下一个环节。一位客户告诉我们："你说的想法我都试了，都行不通。我就像是在和一堵石墙打交道。我不想再浪费时间，只想完成交易。我已经无计可施了。"

我们用一手经验告诉人们：人们总会有计可施。很少有人会永远陷在绝境里。与其放弃或屈服，不如从另一个角度看问题，同时把目标定得高一点，有时候这意味着要从对方防御盔甲中找到一条裂缝，获得杠杆优势。或者还可以跨过价格争议，利用扩大交易范围来击破对手制造的阻力。

创造性谈判包含一个硬性条件：不要过快地判定游戏已经结束。创造性谈判者对最终的胜利坚信不疑。他们明知很多路走不通，却勇于探索。没人事先就知道双方的共同利益在哪里，只有不断提醒自己：就算这家伙是个混蛋，我也一定要想方设法达成交易。也许经过我长时间的努力后，发现他原来不是个混蛋。

剥离负面情绪

一般来说，人们因讨价还价产生的负面情绪，与争议问题或反对意见本身没什么太大关系，而是与自己未能察觉的心智模型有关。人们会问有什么依据。比如，每次争论过后人们冷静下来，发现双方在情绪上和物理距离上都疏远了对方，这时候人们总会后悔，要是当时那么讲就好了。

恐惧的另一面是愤怒，非战即逃。当人们的对手是强势好斗，或者是在被动防御和主动出击间左右摇摆的人时，人们大脑的无意识系统会做出相应的反应。但如果最终目标是达成协议，情绪上的争斗就没有赢家。尽管做起来不易，但是否要压制自我、控制愤怒、管理无意识反应是取决于自己的。戈尔曼说，愤怒"是最具诱惑力的消极情绪……与悲伤不同，愤怒能激发能量，甚至令人兴奋"。

人们的有意识反思性系统能更好地帮助人们扛过风暴。最要紧的是它能克制人们的冲动，避免个人情绪的爆发，同时不卷入对抗性冲突。当对方的大脑额叶被杏仁核占领，那可能跟自己关系很小或没有关系。想想到底是什么原因让对方有如此表现，然后与对方交谈。不要反驳对方，相反，随便问一些开放式问题来缓和对方的愤怒情绪。可以从问为什么、怎么回事开始。降低音量，用不带威胁的语调疏解对方紧张情绪，引导对方更专心地倾听。

面对激烈的争论，人们要争取做到剥离负面情绪，或者像尤里说的"去阳台"。无论对方当下看起来多么顽固或愤怒，人们要尽量做到对人不对事。不要说"你错了"甚至是"我不同意"，人们可以问："我没明白你的意思。"或者："请再说一遍，我有点搞糊涂了。"不能滚动式累积问题，而是认真地听对方讲话。如果事实证明是自己论点错了，那在签合同之前搞清楚，不是很好吗？

大多数人都很坚持自己的观点。卡拉斯创造了一个重要的短语：现在的永远（forever for now），它的意思是我听到了你现在说的话，但现在不是永远。只要谈判还在进行，双方的立场时时都可能出现变化。事实上，人们脑中的想法也一直在变，大家只是需要更多时间来接受和转变。

如果对手很强硬，那就不要硬碰硬地回击，放松地坐下来对自己说，这是他们的立场罢了。如果给双方一个机会，一起多了解情况，也许对方会愿意让步。讨价还价是个动态的过程。今天的底线，明天也会改变。整理好情绪，最坚定的立场也可以改变，最终定然能谈出新方案来。

创造性谈判的重点是鼓励争论，但不扼杀争论过程。通过压制怒火、去除咆哮威吓，人们会更准确地了解对方的实际情况、优势和弱点。更重要的是，情绪中立的状态有助于围绕已知信息制定策略，实现更优结果。这是我们第 5 章的主题。

创造性谈判指南

- 在零和博弈的讨价还价模式中，冲突在所难免，关键是要避免对抗性冲突。

- 极具对抗性的谈判也包含着合作的因素，比起扼杀合作，双方弥合分歧能获得更多利益。

- 世上不存在固定不变的价格或立场，明码实价不过是一种销售策略。

- 成功的讨价还价者会直面失败、损失、失误和贪婪等恐惧情绪。

- 在谈判中，你需要对方，对方也需要你，否则他们不会来谈判。

- 当对方看起来不为所动时，不要以为谈判陷入了僵局，他们可能只是需要更多时间来接受你的观点。

Creative
Conflict

第 5 章

讨价还价模式的基本策略

谈判者越勇于直面失败的风险，
越容易在谈判中获得影响力。

Creative
Conflict

英国经典喜剧电影《布莱恩的一生》（*Monty Python's Life of Brian*）中有一段场景，主人公从罗马士兵方阵中逃了出来。他跑进嘈杂拥挤的集市，看到一个货摊，他从货摊上抓起一把假胡子。用这个来做伪装很完美，他要买下这把假胡子。

布　莱　恩：多少钱，快点！

小贩哈里：呃，20 枚谢克尔①。

布　莱　恩：（把一枚银币拍在桌上）好。

小贩哈里：等一下，我们要还一下价的！

布　莱　恩：我没时间。

小贩哈里：您瞧瞧！摸摸看这质量！这可不是假货！

布　莱　恩：好吧好吧。我给你 19 枚谢克尔。

小贩哈里：不不不，别这样，您好好砍价。这不值 19 枚谢克尔。

布　莱　恩：你刚才说它值 20 枚谢克尔！

小贩哈里：哦，快点，来砍价！

---

① 谢克尔是古代犹太人用的银币。——译者注

布 莱 恩：我给你 10 枚谢克尔。

小贩哈里：这才像砍价的样子。10 枚谢克尔？您是在侮辱我吗？我还有个快死的穷祖母要养，您只出 10 枚谢克尔？

布 莱 恩：（着急）好吧，我给你 11 枚谢克尔。

小贩哈里：说不通啊，11 枚谢克尔！我的成本就是 12 枚谢克尔，您想毁了我的生意吗？

布 莱 恩：（抓狂）17 枚谢克尔？

小贩哈里：不，不，您现在得说 14 枚谢克尔。

布 莱 恩：好吧。我给你 14 枚谢克尔。

小贩哈里：14 枚谢克尔？您开玩笑吗？

布 莱 恩：15 枚谢克尔！

小贩哈里：17 枚谢克尔，这是底线。一分都不能让了，不然我宁可死！

布 莱 恩：16 枚谢克尔。

小贩哈里：成交！跟您做生意就是痛快。

从上面的故事中可以看到，即使是最基本的价格谈判，哪怕人们只希望简单、直接、快速成交，价格谈判还是需要慎重而有节奏地进行，讲究一定的策略。

上述故事里的小贩哈里，连珠炮似地陈述自己的价值主张。在高阶的讨价还价模式中，谈判的内容会超出价格范畴，涉及一系列其他方面的问题。在供应链管理和项目管理谈判中，讨价还价模式是典型的谈判模式。如果人们希望达成更广泛、更全面、更有价值的交易，那就绝对有必要采用这种模式向前推进谈判。

创造性
谈判技巧

如何引导对方做出重大让步

在谈判规划过程中，我们利用 5 种策略：

- **构建影响力杠杆。**当人们感受到对方施加的影响力时，他们对此做出回应，甚至过度反应，认为对方可以信任，但他们往往忽视自己的影响力。但有一个方法可以强化己方的立场，那就是从对方的立场重新看待这笔交易。关键问题：在本次谈判中我有多大力量？我的力量被我低估了吗？我很清楚我渴望达成交易，但对方面临着什么压力？我该如何为自己创造更多选项，或者缩减他们的选项？

- **搜集有价值的数据信息。**评估自己有多大影响力，人们需要数据支持，越多越好。如果数据信息准确，人们便能发现对方的弹性空间有多少。关键问题：谁能帮我去侦察，获取内幕信息？在双方开始谈数字前，我该如何估测可达成协议的空间①，就是双方都可以接受的选项范围？我如何才能多了解些对方需求以及弱点，而又不过多透露自己的情况？

- **为交易设定目标。**要想获得更好的交易结果，前提条件是人们预设更高的目标。当人们提出这些目标时，就必须讲出一个合乎逻辑的故事作为支持。关键问题：从这笔交易中我想得到什么？我要如何开场，采取什么策略达成目标？作为卖家，我可以接受的底线或最低价格是多少？或者作为买家，我最多可以支付多少钱？放弃这笔交易，我能承担后果吗？我还有没有更好的替代方案？

---

① 可达成协议的空间，即 Zone of Possible Agreement，简称 ZOPA。——编者注

- **适当让步。** 人们能判断出何时让步、让步多少，这是谈判的核心。关键问题：我要不要第一个让步？我应该让步多少？怎样才能开拓出更多的谈判空间？如果谈判陷入僵局，我应该同意分摊差额吗？
- **发现不易察觉的问题。** 只靠谈好价格，人们并不能达成所有交易。关键问题：如果通过更有利的条款和条件来弥补价格让步，我能获得什么？除了有竞争力的价格外，我还能给谈判带来什么价值？要如何通过梳理价值来确定总拥有成本（Total Cost of Ownership）[①]？这项交易有没有扩大范围的可能，以便双方都能获益？

Creative Conflict

讨价还价的结果与影响力杠杆有深刻关联。**整个谈判过程都围绕着谁拥有更多影响力，以及他们选择如何放弃影响力以达成妥协。** 尽管增强己方影响力是构建影响力杠杆的核心，但它也与其他策略密切相关：

- 搜集有价值的数据信息，与信息的影响力有关。
- 为交易设定目标，是为了施加影响力。
- 适当让步，是影响力的互换。
- 发现不易察觉的问题，是创造性影响力发挥作用的结果。

这些策略的实施不是僵化的、线性的。5 种策略相互作用，相互重叠。随着谈判的进行，当人们运用策略时，可能会发现自己越过了某个步骤，

[①] 总拥有成本指一个产品或系统的直接和间接成本的总和，包括采购和运行等成本。——编者注

也有可能把顺序倒了过来。但这 5 种策略的排序并不是随机的。在实施策略时，一个经常出现的错误，是人们不会事先权衡双方影响力或压力状况。搜集尽量多的数据信息，在这之后再设定目标。不遵循顺序，可能导致对可达成协议的空间的重大误判，比如卖家可能报价太低，或者也可能高得不合情理，但后者情况并不常见。

这一点可以再展开来谈谈。在人们坐下来与对方开始讨价还价之前，更重要的是先制定策略。**创造性谈判者都是战略规划师。**谈判桌上人们可不能依赖灵感，构建影响力杠杆、规划好问题、设定好目标和退路、斟酌让步空间，这些都需要提前做好充分的准备。诚然，大部分准备工作建立在推测的基础上，需要在未来的实战中接受检验，在掌握了更多信息后，人们可能需要对方式方法进行调整或完善。**谈判结果的好坏，与准备工作的质与量直接相关。**

事前规划，不仅仅是对理想状况进行分析。军队里有一种说法："如果计划真的有用，那很可能是遭遇了伏击。"除了计划好谈判立场、设计攻击角度外，人们还需要为对方可能打出的曲线球，以及来自自己内部的意外阻力做好心理上的准备。比如，你做好研究分析，提出了一个可靠的锚定价格，虽然做法上有点攻击性，却并非不可能，但是到了扣动扳机的时候，由于争执过于激烈，双方开始摇摆，失去谈判勇气，最终以更合理的价格收场。为了避免激化冲突，双方放弃了原先的计划，希望达成更好的结果，如果对方比自己更坚定，坚持计划，那么自己也只能退而求其次。

计划从制订到执行的过程中，人们的心智模型必须为即将遇到的对抗做好准备。人们可以效仿小贩哈里：不管布莱恩反应如何，哈里都应对自如。当布莱恩犹豫不决时，哈里催促他、鼓励他接着砍价。虽然这种情况既好笑，又牵强，但道出了一个真相：没有一丝合作的讨价还价是不可能的，至少这个过程是要双方共同参与。当人们的谈判从你来我往的讨价还价，到有得有失的高阶议价，直至创造价值时，协助对方变得越来越有必要。小贩哈里坚持不懈，最终达成双方都满意的结果，他呈现出了一个谈判者的完整思考过程。

构建影响力杠杆

我们再来看另一部经典的美国喜剧《假期历险记》（*National Lampoon's Vacation*）里的故事：

切维·切斯（Chevy Chase）扮演的男主角克拉克·格里斯沃尔德（Clark Griswold）是芝加哥一家食品加工厂的销售员。他计划开车带着家人去洛杉矶的沃利世界主题公园玩。出发前一天，格里斯沃尔德和他十几岁的儿子去当地汽车经销商的车场买车。他们挑了一辆特别时髦的新车型——一款海蓝色超级运动型旅行车，车上还附带一个有趣的拉力赛用货架包。但是销售员告诉他们，这款车的到货日期已经晚了 6 个星期。销售员执意劝他们买另一款越野性能更好的马车皇后家用卡车式旅行车，车身是金属豆绿色，看起来很搞笑。但销售员说："现在你可能不喜欢，但开上它感觉就不一样了！"格里斯沃尔德被销售员说得心烦意乱，他发现几分钟前谈好的交易被彻底碾碎。经不住怂恿，他不情愿地换成了这辆车，开回家后还在可怜的妻子面前大唱赞歌。

格里斯沃尔德身上发生的事情，就是构建影响力杠杆的一个反例。**构**

建影响力杠杆是谈判策略的第一步，比其他所有策略都重要。搜集数据信息策略是为了检验人们的影响力假设。设定什么目标由人们能够承担多大竞争力，有多少影响力来决定。而人们让步的程度取决于人们有多迫切需要这笔交易。

时间

在任何一场谈判中，时间都是压力源。 随着生产周期缩短，交期被压缩，领导希望成本更便宜、交期更短。大家都在不断赶截止日期。如果人们认为时间对自己有利，或许人们可以更耐心一些，拖延对话，暂缓决议。因为卖家几乎总是面临销售数字的压力，所以对他们而言，时间和价格之间存在反向关系，谈判时间拖得越久，卖家的压力越大，越容易被迫降价。但也不能忽视买家压力，尽管这种压力可能不那么明显。格里斯沃尔德买车时几乎无法实施影响力，因为他答应家人第二天一早去旅行，销售员知道他很急迫，就利用这一点迫使他接受了自己并不满意的汽车。

权威

抵挡不住销售员高超的销售技巧，格里斯沃尔德买了辆家用卡车式旅行车。销售员很肯定：我比你更了解汽车，这正是适合你的车型。其实，尽管认知差距是真实存在的，但人们还是可以通过调研来缩小这种差距。我们一家欧洲客户对自己肩负的可持续发展使命感到自豪，他们通常优先选择使用可回收托盘的货运公司，而不是使用低成本的一次性托盘的公司。一个精明的卖家会对客户做充分的背景调查，会热情洋溢地介绍他们的低油耗货车、热电联产动力、广泛应用的水处理技术，以及可重复使用的货运托盘。尽管他们的报价比其他公司高，这个环保的卖家还是拿到了这笔交易。他们胜出是因为不仅完成了客户的招标书规定的内容，还深入地了解了客户最看重什么。

权威有许多不同的含义。技术上的细节不如精心准备的策略重要。即使客观上处于弱势地位，创造性谈判者也有胜出的可能。**掌握战略战术有助于树立必胜的心态，没有比这更有效的影响力来源了。**

决心

人们可以想象，像格里斯沃尔德这样的人花了多少时间仔细研究《凯利蓝皮书》（*Kelly's Blue Book*）① 以及《人车志》（*Car and Driver*）的过期杂志，然后才决定好想买的车型和其他意向车型，并且想好价格去找经销商。他已经投入了那么多精力，如果没买到车就离开车场，不管是哪款车，他一定非常不甘心。

如果卖家的销售意图很肯定，有些买家会有意从卖家口中套出一些信息，让卖家更迫切地想达成交易，进而愿意做出让步。要知道对方有很多工作要做，他们可不愿意把一切努力从头再来一遍。**对方的工作压力、消耗的时间和精力，都是买家的影响力。**

风险

人们越是愿意承担陷入僵局或交易失败的风险，就越能获得更多的影响力，也就越能利用影响力杠杆来推动艰难的讨价还价进程。格里斯沃尔德时间紧迫，而且还面临声誉受损风险，他很可能已经向妻子和同事大谈特谈要买新车，更不用说他处在青春期的儿子了。如果空手而归，会让他无法接受。这里，格里斯沃尔德的家人是销售员另一个影响力来源：来自组织的压力。

---

① 美国著名的车辆评估机构公司推出的蓝皮书。——译者注

创建或取消选项

一旦格里斯沃尔德的旧车被撞坏，他就别无选择，而旅行计划也就毁了。**一般情况下，买家有更多的影响力，因为他们有更多选项。**同样的产品有很多供应商可以选择，技术也可以被替代，比如云存储可以替代硬盘，甚至质量稍次的产品也能满足客户需求。**卖家要想增加影响力，可以寻找其他买家来竞价。**我们有个电力变压器生产商客户，在与潜在买家打交道时，以自以为是的发号施令式谈判闻名。"就是这个价格。"如果买家不同意，那么他一个电话就把产品卖给别的买家。当供求关系对卖家有利时，卖家可以表明产品即将缺货，以此为借口来缩减买家的选项。

正规的合理性

人们可以猜想，格里斯沃尔德肯定准备完全按车辆标价买那辆超级运动型旅行车，即使砍价也不会砍多少。不像口头报价那样随意，专业印刷的橱窗价格贴纸或者酒店价目表，有助于给卖家增加谈判影响力。把价目表放在精心设计的网站上也有同样的效果。像百思买（Best Buy）这种大型购物中心和小区里的夫妻杂货店，虽然两家都可以还价，但人们一般更不愿去质疑百思买的价格。

买家也可以摆出出价很合理的架势："这是我们标准的条款和条件，对所有客户都一样。""在本招标书里，我方列出了精确规格要求，希望贵方严格按照此要求来满足。"如果这些要求印刷在大宗产品的包装上，那么重要性就更大。

坚持

坚持的意思是，买家要反复拒绝卖家的报价，但坚持不断提问题，继续谈，保持沟通顺畅，直到卖家让步。反之亦然。最后留在"拳击场"上的那个卖家，才是赢家。坚持不懈的谈判者哪怕对方不再回应自己，他们也不会觉得困扰，他们绝不会气馁。俗话说："不回应，不等于拒绝。"即使谈判者只想坚持一下装样子，也可能会把对方骗倒，让自己成为强势的那一方。

搜集有价值的数据信息

谈判时，搜集数据信息的主要目的是测试对方的极限。不论是向对方要求更多利益，还是拒绝对方要求，都可以借机看出他们有多少灵活度，也可以判断出他们所说的"这是我们的底线，我最多只能做到这样"，是不是在虚张声势。

掌握的信息越多，就越能更好地评估自己与对方的差距。除此之外，还能获得更多信誉。富有创造力的讨价还价者会极力捍卫自己的立场，却并不会因有预判而固执己见，毕竟没有人一直是对的。只要是存在有信息价值的可能性，哪怕会改变自己的立场，他们也愿意接受。自己战术上的撤退是为最后胜利做铺垫。可以用简单的几个字设置好谈判基调，比如只要说：你说说看。不一定要同意，但在向对方传达，自己会考虑他们的观点。搜集数据信息后，可以回答许多问题：

- 谁在这次谈判中占上风？我的假设有缺陷吗？我手上的影响力杠杆跟我想的一样多吗？
- 对方成交的意愿有多大？
- 对方的期望是现实的吗？需要提醒对方要现实些吗？
- 双方有可达成协议的空间吗，哪怕我现在还弄不清是什么？有可能因对方达不成协议就退出谈判吗？

- 对方面临什么样的压力？我如何才能将它们转化为我的优势呢？

- 我必须从这笔交易中得到什么？（剧透提示：这可能与你想的不一样。）我的期望是不是太过分了？

- 我忽略了什么没有，一些利于我方或者对双方都有利的、让交易对我的组织更有价值的因素？

- 除了价格之外，对方还看重哪些主观影响因素？

最有价值的一些数据信息要提前搜集。勤奋的谈判者会在公开数据中搜索有用信息，或者找掌握对方消息的同事了解情况。一旦对这些数据信息有所洞察，他们就准备好在面对面谈判阶段，有更多发现。在双方对峙的状态下，如何引导对方提供数据信息是一门艺术。这不是一次尝试就能击中靶心的，而是逐渐调整角度，最后拿下目标。如果想了解对方面临的压力，个人的或组织的，可以在切入正题之前先闲聊一会儿。在关系导向模式中，行之有效的策略是避免直奔主题，至少不要太直接，即使在讨价还价模式中谈判节奏更快，一开始婉转一些，也是有好处的。

创造性谈判者设身处地为对方着想，而不是逼着对方为自己考虑。美国剧作家阿瑟·米勒（Arthur Miller）提醒人们："不理解他的想法，就不懂他的价格。"所以，提出一些开放式问题总是好的。可以从为什么或怎么样问起，然后仔细听对方的回答，不要评判，也不要有防备心。假如说，卖家把价格定在一个货物单位 100 美元，远远超出买家的预算或历史价格。为了争取让卖家快点让步，买家会说："我们不能付这么多。"然后看着卖家纠结。而另一种做法，就是问问题，深究原因：

- 100 美元？根据我们的经验，这个价格太高了。能说说为什么把价格定得这么高吗？

- 能告诉我们你们的成本结构是怎样的吗？这样的专业商业信息对方可能不会说，但问问又无妨。
- 我有点不明白，为什么涨价了？

一旦双方开始文明地交流，就会缓解当下的紧张气氛，也就不那么剑拔弩张了。如果双方都能认识到，竞争过程中也有合作，就都能放松下来。当然，我们在这里讨论这个问题就是为了找个解决方案。讨价还价可能是一场硬仗，但还是人与人的互动游戏。谈判者即使不是证券交易员的衍生从业人员，但也不能靠敲敲键盘就能完成交易。就算谈判过程看起来纯粹就是你买我卖的交易，但也经常见到两人以上的合作和对抗，除了在财务上进行钱与货的交换，这里也有人际交往活动。

有时，其中一方意料之外的让步，只是由于谈判氛围稍微融洽点，至少它能帮助显示出人们未发现的冲突根源。我们曾与一家世界上最大的建筑企业合作过，当年他们在与一家私企的谈判中多次碰壁。这家私企生产一种功能独特的巨型水泵，企业创始人给的报价高得离谱，与行业标准报价相差甚远。虽然我们的客户不断提高条件，但创始人拒绝让步："不行，买我的水泵就要这么多钱。"

他们谈来谈去，拖了好几个星期，直到有人相当聪明地问了创始人一个问题："为什么你的水泵非得要这么多钱？"创始人回答："因为我担心你们以后自己生产。"他想象着这家实力强大的《财富》500强公司买了这批水泵后自己生产，那他到时可能就要破产了。因此通过抬高报价，他在为以后的生活保障做铺垫，以防哪天他的担忧变成现实。后来我们的客户给他打了包票，绝不与他竞争，创始人便满意地将价格削减了一半。这个创始人倒不是故意牟取暴利，他只是需要安全感。

最后，要记住，搜集数据信息是双向的，有得也有舍。为了得到自己想要的信息，人们可能也不得不放弃一些，作为回报给对方，重要的是慎重考虑自己要披露哪些内容，保护好自己的影响力杠杆。这是在规划准备阶段很重要的工作，如果有可能，写下来为妙。

为交易设定目标

一旦构建好影响力杠杆，并通过搜集数据信息做好确认，人们就可以为交易设定目标了。准确地说，人们需要按重要性从高到低设定 3 个目标：

- **锚定价格。**一个理想的起始价格，给自己留点回旋空间，也可用来压制对方期望的价格。
- **目标价格。**一个现实的预估价格，如果谈判进行得相当顺利，你可以达成这个目标。
- **保留价格。**也称作离场价格或底价，即买家愿意支付的最高价格或卖家愿意接受的最低价格。两者重叠时，就有了可达成协议的空间，这是双方达成协议的基础。

下面我们对每种价格一一做出解释。

锚定价格

卡尼曼在《思考，快与慢》一书中详细讲述了在旧金山探索博物馆对游客进行的一次很有意思的实验。第一组游客被问及以下两个问题：

- 当下世界上最高的红杉，你觉得它的高度是大于还是小于 366 米？
- 你猜猜，当下世界上最高的红杉有多高？

第二组游客也被问及同样的问题，只是有一点不同：参考值从 366 米改为 55 米。当两组人被问到最有把握的猜测是多少时，第一组的答案是 257 米，第二组的答案是 86 米。事实上，当下世界上最高的红杉高度是 116 米，这也是当下世界上最高的树。

心理学家把这种心理机制称作"启动效应"（priming），也就是对人的潜意识中自动反应系统进行细微提示。比如，提示一个数字，即使是个随机的数字，也可以深刻影响人们对接下来发生的事情进行解读。美国著名社会心理学家罗伯特·西奥迪尼（Robert Cialdini）[①] 在他的著作《先发影响力》（Pre-Suasion）中讲述了一位咨询顾问为自己的服务争取公道服务费时遇到挫折的故事。尽管他坚守原则，并没有虚报费用，客户还是按常规要求 10% 或 15% 的折扣。结果，他要么选择压缩利润，要么可能失去客户。不过，他灵机一动，想到一个解决办法：

> 他按常规结束方案演示，然后要报出服务费了，共计 7.5 万美元。在报价之前，他笑着说："你们放心，我的这些服务内容，不会收你们 100 万美元那么高的费用。"客户一直在低头看纸质版的提案，这时抬起头来说："好，我接受你的提案！"会议继续进行，后来再也没人提过服务费用问题，最后顺利签了合同。

[①] 罗伯特·西奥迪尼是全球知名说服力研究权威，被称作"影响力之父"，其著作《影响力》中文简体字版已由湛庐引进、北京联合出版公司 2021 年出版。——编者注

之后这位顾问与其他客户谈项目时也用同样的话术，效果非常好。虽然并不一定总能签到合同，但只要能签成，就一定是按他认为合理的报价。这是道德问题吗？锚定价格，卖家定得高，买家定得低。人类容易受到丹·艾瑞里所说的"武断的一致性"影响。尽管初始价格可能是任意的、武断的，但"一旦我们在头脑中确定价格，这些价格不仅决定我们愿意为这个产品付多少钱，而且决定我们愿意为与之相关的产品付多少钱"。**锚定价格，给对方在当下以及未来交易的期望值制订一个范围框架。**

我们通过研究证明了一项交易公理：**谈判时要求越多，得到的越多。**人们报价多少，会影响对方，可以改变对方对可达成协议的空间的看法。这就是为什么差不多的房子在差不多的地段，它们的成交价却可能相差甚远，这和人们的报价多少有直接联系。如果不抛出一个强有力的锚定价格——一个尽可能接近极限但也不显得不切实际的价格，那么就不可能全面测试对方的灵活度。不管怎样，人们也没什么损失。如果买家开始要求降价 15%，那最后仍可以通过降价 10% 成交。但是，如果买家开始只降价 10%，卖家不会接受降到 15%。即使降 10%，卖家也能够承受，在那样的情况下，买家也不太可能拿到全部 10% 的折扣，因为人们认为以买家的开场报价，肯定还有妥协的空间，最终买家至少要有一点让步。

价格锚定在谈判时对防守和进攻都很有用。谈判越复杂，未知因素越多。当人们和一家新公司进行价格谈判时，不了解对手，也不了解他们的产品质量，以及后期出现问题后他们会不会负责任。随着谈判的进行，人们看出对方很坦率，值得信任，于是自然地相处起来，更加自由地交换信息，必要时更愿意做出妥协。但即使在最理想的情况下，也有计划跟不上变化的时候。合同期间市场环境发生波动，工厂倒闭，自己信任的联系人跳槽，经济衰退，疫情暴发，这些都有可能发生。为保护自己，应对突发状况，人们必须给自己留点空间。可靠的锚定价格此时恰恰可以发挥作用。

目标价格

设定锚定价格是为了配合达成目标价格。目标价格，是看起来很合理、有可能实现的积极结果。**谈判者应当最先确定目标价格。**在理想状况下，目标价格应当经客观分析后得出。然而人们发现，目标价格一直受各种主观和充满暗示的信息左右。比如，在我们组织的一次研讨会谈判练习中，与会人员就把一款顶级柴烧比萨烤炉的报价定成 9.5 万美元。

所有小组的买卖双方收到的练习背景数据是相同的，只有一项例外：我们告诉第一组，以前的研讨会上与会人员给出的平均谈判价格为 9 万美元，告诉第二组为 8 万美元。练习结束后我们对他们的结果做了统计。第一组的平均定价为 8.9 万美元，第二组为 8.1 万美元。同样的烤炉、同样的环境、同样的数据，结果却不同。两组从一开始就受到我们信息的干扰，都将目标价格定在他们以为的常规价格上。

目标价格和锚定价格依赖于谈判者对价值的主观判断。在买家认为卖家物品的价值高于买家报价时，双方就能成交，而不是通过买家在价格上做出让步来达成交易。目标价格更重要，所以买家通过举例子、做解释及最重要的讲故事等手段，只是为了提升产品的主观价值，在后文我们将进一步阐述。许多买家愿意为在他们看来具有特殊价值的功能买单，很乐意接受比所谓市场价格更高的价格。卖家也是如此，如果他们认为与知名品牌公司做生意可以带来附加值，他们也愿意低于现价出售产品。这些主观的价值通常很难发现，人们的工作就是把它们找出来。

在做计划的阶段，设定雄心勃勃的目标价格很容易。但当人们与一个活生生的人面对面，而对方的目标刚好跟自己有冲突，谈判就变得很难。目标价格给了人们一个捍卫自己承诺的理由。假设一个卖家可以把目标价格削减 10%，其实结果也还不赖。如果遇到一个讨价还价能力强的买家，那么可能很快就牺牲掉那 10% 的折扣。但是，假如人们事先跟自己领导做过保证"我最多降 5%"，那该怎么办。研究表明，把自己的目标告诉同事，因为要捍卫这个承诺结果往往会很不错。

保留价格

到了谈保留价格的时候，这表明人们对能否达成交易已经不太关心了，同意也行，不同意也无妨。这是人们不可突破的下限或上限："如果谈不到我最想要的价格，谈不成也没关系。"

尽管事先对让步空间加以限制十分重要，但也有人认为，不要把重点放在制订一个精准的离场价上。为什么这么说？有一位经理曾向我们抱怨："我的员工不会定高目标，也不会坚守目标。他们太急于成交，买家一说'你们要出局了'，他们就吓得直接触底。"许多谈判者不知道，他们可以坚定地守住目标且不丢掉生意。**在高压环境中，保留价格可以成为人们对实现自我的预言，成为释放紧张情绪的避风港。**

无论人们设定保留价格与否，都必须制订一个合适的后备计划，一个最佳替代方案。尤里指出，后备计划可保证自己的利益"受到尊重，哪怕对方不愿合作"。也许这意味着人们得去找新客户，或竭力争取企业的内部资源。不管出现什么情况，冷静下来后，人们才明白，情况可能看起来糟糕，实际上往往并非如此。

如果不制订一个最佳替代方案，人们会从一开始就很紧张，一直想着不能失去这笔生意。有了一个可靠的最佳替代方案，人们可以设定一个更具攻击性的目标。这也是人们花精力做事前，需要进行规划的一个理由。总的来说，越深入考虑目标，就越能理解要达成交易的原因，就能更好地调适谈判所需的心态，按照对自己有利的条款达成交易。

适当让步

在电影《落难见真情》（*Planes, Trains and Automobiles*）里，史蒂夫·马丁（Steve Martin）扮演的尼尔·佩奇（Neal Page）是个营销专员。电影里有一幕是他正在曼哈顿市中心叫出租车。

佩奇：先生？先生，抱歉，我知道这是您叫的出租车，但我特别着急赶飞机，不知道您能不能好心把它让给我。

男人：（溜进车里。）我没有好心，抱歉。

佩奇：我给您 10 美元，行吗？

男人：哈！不行！

佩奇：20 美元，我给您 20 美元。

男人：我要 50 美元。（见佩奇从钱包里掏钱。）付 50 美元叫一辆出租车的人一般都会给 75 美元。

佩奇：不见得。好吧，75 美元。你就是个贼！

男人：差不多。我是律师。

让步包含一个悖论。它通常是达成交易的捷径，至少是快要达成交易。问题是它也可能产生反效果，令人们更加偏离达成协议的轨道。这怎么可能呢？误判形势的让步，会让对方觉得自己虚报了锚定价格，或者对自己的价值信心不足。讨价还价的核心是一种夺取，过度和不图回报的给予会提高对方的期望，激起他们要求更多让步的欲望，可能超出了自己的能力或意愿。过多放弃，过早放弃，很快人们就会跌到底线，再也没有回旋的余地。人们会承受巨大的压力，失去重心，重重跌倒。

对于创造性谈判者来说，做出让步的挑战是从谈判开始到结束，如何确保不超越目标价格。此时再次提醒自己，双方都有压力。牢记这一点，人们就会打开视角，就会保持镇定。

创造性
谈判技巧

如何引导对方做出重大让步

有效的让步策略可以通过让对方承担让步的责任，以此来支持自己的锚定价格和目标价格：请您先让一步！大多数情况下，最先让步的一方，其最终收获往往低于平均水平。**引导对方先让第一步的关键是有耐心。**慢慢来，让张力曲线升起来。如果他们还不主动提出让步，那就问对方："我们差得太多了，你们有让步空间吗？"

如果一切尝试都没奏效，人们只剩公平交易这一个选项，那就主动做点让步，坚守定价不变，避免拉高对方的期望值。与其过早地放弃锚定价格，不如说："我想要这个价格，但我也可以回报你们点什么。我们规定的付款周期是 60 天，但我可以请会计帮忙安排 30 天付款。你还是根据你们的工期安排安装设备，不用根据我们的。"买家传递给卖家的信号是自信的：我的预算很合理。通过同样的信号，卖家也可以通过一些小让步来表示他们的价格没有虚报，也很公道。用互惠互利的社会规范，引导对方做出重大的价格让步，以此作为回报：

- **谈判桌上可以吝啬。**让步太多会让人沮丧。尽量让得少一点，给目标价格留点余地，比如上下浮动 10%。你想知道对方有多迫切想要这笔生意，这就是个好办法。与其一下子让步 10%，不如先让步 2%。如果达不成交易，再让步 2%，以此类推。如果在达到目标价格之前对方松了口，那么自己就赢了，就能增加影响力和利润。反过来，要是一下子放弃全部的 10%，对方会想："肯定还能让步 2%。"到时要怎么规避风险？

- **慢慢来。**同样是 10% 的让步空间，人们在做第一次让步时，可以先让得大点儿，比如 3%；如果不能成交，再让步 2%，然后 1.5%，然后是 1%，然后是 0.5%。这是在向对方传达什么？自己已经接近底线了。结果如何？对方的希望逐渐破灭。假如再坚持一下，自己可能还能省下 2%。如果是一笔 1000 万美元的交易，这就意味着省下 20 万美元的利润。

- **最后关头保持冷静。**在谈判实验中，我们发现大多数人大部分时候都能保持理性与克制，到最后关头却因害怕失去这笔交易而打破心理上的平衡状态。尽管最后关头可能还需要做出让步，那就要做好思想准备，做到循序渐进。就像马丁扮演的角色那样，在谈判进行 11 小时后，做出一个更大的让步，无疑是给自己埋下一个更大的隐患。哪怕人们打算答应让步，也要先拒绝对方，再说一次"不行"："再降 7% 肯定不行。"然后看看对方是什么反应。这个时候，人们可以把有意识反思性系统请进场来发挥作用。

- **尽量不要用分摊差额的方式解决分歧。**如果相对来说，自己快要达成协议，但此时对方提议对半分摊。考虑到有机会结束冲突带来的不适感，而且人们发现对方的提议很有诱惑力，因此很想答应他们，然后快点结束。但是，不再进一步试探对方的灵活度就同意，是错误的。如果双方每个货物单位的报价只有 10 美元的差距，为什么不是自己让 2.5 美元，而是得分担 5 美元？没有说从中间一分为二就是天生公平的做法。如果自己坚持争取更多利益，对方也筋疲力尽了，那自己就有可能达成一个更好的协议。当然也有例外情况。经过漫长的讨价还价后，人们打算接受对方报价；或者对方报价已经超过了自己的目标价格，那么自己也很乐意就此成交。这时候，为促成交易，人们提议双方取个中间价，可能只多赚了一点点，但是让对方看到自己的灵活和慷慨，这会对自己的未来交易有利。

- **拿出那些无关痛痒的东西来让步。** 有一则古老的犹太寓言，讲的是一个穷人和他的妻子及 6 个孩子，住在只有一间房的小屋里。屋子里空间太小，他们几乎无法呼吸。家中每个人都脾气暴躁，日子过得不能再糟糕了，他很焦虑，就去找智者拉比。拉比对他说："把你所有的牲畜都带到屋子里，与你们同住。"那人虽然很困惑，还是依言把他家一头牛、两只山羊和 6 只鸡都赶进了屋里。于是这间屋子变成一家人的噩梦，屋子里充满各种噪声和难闻的气味，一片混乱。他们再也忍不下去了！那人跑回拉比那里，又问他还有什么建议。这一次，拉比让他把牲畜全赶到屋外去。第二天，这个人满脸笑容来到拉比跟前说："我们现在的生活太好了！牲畜都出去了，我们有地方了。太高兴了！"构建交易空间有一个办法，就是拿出那些对人们无关痛痒的东西来让步，比如延长付款周期等等。这些小恩小惠除了让人们能坚守住锚定价格，万一人们不得不放弃这些时，也能让对方心怀感激。

- **争取补偿。** 双方已经谈了很多天了，对方咬住最后报价不松口，而那个价格刚好在自己的可达成协议的空间范围内。与其单方面做出让步，不如试试看对方是否愿意提供一些补偿。如果需要时间考虑，就请求暂停："给我几分钟，我考虑一下。"或者："我问问公司意见，马上回来。"暂停一下，再仔细想想除了价格外，他们还有什么利益可以让出来。这就引出讨价还价模式的最后一个策略。

Creative Conflict

发现不易察觉的问题

几年前，我们认识的一位海军上将让我们大受启发，使我们了解到过去三十多年里讨价还价模式发生了怎样的变化。20 世纪 90 年代，他担任美国最大采购组织的总监职务，手里握着充裕的预算，价格问题不在话下。为追求产品质量最优，他手下的大多数采购员都按标价或接近标价付款采购。后来，他说道：

> 行业面临来自离岸竞争的压力，管理层给我压力，让我找出压缩更多成本的办法。所以我给我的员工安排正式的谈判培训，让他们学习向供应商施压的技巧。后来当我们购买柴油发电机这类高价产品时，我最出色的采购员能拿到 15% 的折扣，其余大部分人也能拿到 10% ～ 12% 的折扣。
>
> 我相当满意。但后来我又注意到了一些事情。当业务从购买基础产品转作一揽子服务和解决方案时，我那些优秀的采购员还是能拿回 15% 的大幅折扣。我的第一反应是："祝贺你们，干得

不错！"但随后我仔细看了看，说："等一下，我们这样规模的客户，理应能让他们保证生产周期，延长付款期限。在谈判协议上，我都没看到这些。"

然后他们说："不行，按这个价格我们拿不到这些条款。"

"那首次安装支持呢？培训呢？"团队里鸦雀无声。然后我说："哇，我希望我们不是只拿到他们的标准保修服务而已，那样我们就麻烦大了！"

然后他们说："不，我们不是标准保修服务。"

"呀，那可太好了！"

"事实上，为了拿到这个价格，我们团队不得不取消所有保修服务。"

于是上将说了一句名言："你拿到了好价格，但是你做了一笔糟糕的交易！"

类似的抱怨，我们从其他采购总监和销售总监那里也听到过。同样，有的项目经理也只专注变更通知单的成本变化，并不去考虑其他因素。谈判内容已经发生变化，谈判者却没有随之改变。谈判过程变得更加曲折和错综复杂，但谈判者仍陷在讨价还价的泥潭里。他们被旧的思维模式束缚住了。从谈一个好价格进阶变成谈一笔好交易，他们需要采取不同的谈判方法。

时至今日，有时买家希望快速成交，对谈判里存在的微妙之处不感兴趣：给我你最优惠的价格就好。尽管他们可能得不到最佳结果，也会接受折中方案以节省时间。除了这种情况外，由于交易变得过于复杂，以致身处一线的谈判者干脆举起手来说："我现在连从哪里开始都不知道了。我现在只能抓价格。"人们仍然常用一维的、以价格为重的指标来评估、奖励他们的工作成果。说是一回事，做是另一回事。

即便如此，人们也不能忽视，与二三十年前相比，如今大多数交易中变动的因素更多了。仅仅获得不错的折扣是不够的。今天人们思考的问题是：我们在这笔交易中漏掉了什么？关注价格以外的问题已是必须。通过严谨的谈判前规划和积极的数据信息搜集，买家能掌握他们熟悉的总体拥有成本的所有构成要素。在比较 6 万美元的宝马和 6.6 万美元的雷克萨斯之间的区别时，人们会觉得哪个更贵？想想雷克萨斯超高里程数以及宝马更高的服务成本，回答这个问题并不容易吧。

如今，买家追求额外的净价值，为此愿意支付更多预付款。买家还渴望卖家能告诉他们通过修正甚至取消招标书中的哪些项目，可以降低买家的总体拥有成本。在双方价格相去甚远，谈判陷入僵局时，创造额外的净价值有助于弥合差距。

当今的买卖交易环境中，创造性谈判者可能不急于在协议上签字，即便他们的价格以及其他要求已全部得到满足。高阶的讨价还价，也依然是利用对方弱点展开的零和博弈。但是，当人们在价格上进行取舍以便获取附加价值时，自己就成为对弈的棋手，而不是只关注金钱的收银员。买家的首要目标不是省钱，而是降低总体拥有成本。即便卖家在价格上似乎不再有弹性空间，他们也可能出人意料地愿意讨论一些其他交易条件。

这当中的诀窍是发现那些不太明显的问题，并且最终很有可能带来不同结果。再说明一下，这也需要提前规划。首先，充分考虑以前发生过的问题：

- 我是怎么走到这一步的?

- 为什么我想到换成这种新产品或新服务?

- 转换的成本是什么?

- 我该如何把成本谈到最低?

其次，再问些与未来有关的问题，这些问题买家可能事后才想到：

- 培训：我们买的这个神奇的产品，要怎么用呢?

- 保修 / 服务合同：可能会出现什么问题? 怎么解决?

- 未来需求：在 1 年甚至 10 年后，我们可能还需要什么? 我们应该现在就提出来。

- 产品升级：未来可能发生什么变化? 我们能选下一代产品吗?

- 价格保护：商定的价格有效期为多久?

某些情况下，给买家一点好处比大幅降价更能增加买家收益。同时，卖家可能也乐意降低报价，换来降低对产品规格的要求或对保修服务的内容进行修改的机会。当在无钱可赚和谈崩交易之间选择时，为了不出现霍布森选择效应（Hobson's choice）[1]，创造性谈判者选择第三条路，问自己：他们为什么要求折扣? 为什么是 5%? 这就是他们的真正需求吗? 还有什么东西对他们更有好处?

高阶的讨价还价，是谈判者的谈判旅程从赢得交易向共同解决问题转变的第一步。从执着寻找单向的总体拥有成本的让步空间，到相互让步、

---

[1] 霍布森选择效应，指人们在没有足够选择的情况下做出的决策往往不是最佳的。——编者注

扩大双方的总体拥有利益或总体业务机会，位于这两种选择中间的道路并不漫长。双方从这里开始，谈判双方从价值分配，转换到扩大业务范围，然后进行资产和需求的双边匹配，最后创造性地完成交易。

创造性谈判指南

- 拥有战略眼光可以带来卓越的结果。

- 在讨价还价模式中，首要策略是构建影响力杠杆，包括时间压力、权威、决心、风险承担等。

- 使用数据信息可以测试对方的底线和灵活度。通过友好对话挖掘对方需求，可以引导对方做出意想不到的让步。

- 目标设定包含 3 个部分：锚定价格是人们的理想起点，目标价格是对交易着陆点的合理估测，保留价格是人们愿意放弃交易的临界点。

- 让步是把双刃剑。创造性谈判者会缓慢地、冷静地做出让步，只有在对自己有利的情况下，他们才同意分摊差额。

- 好价格不一定等于好交易。通过发现价格以外的问题，可以探究对方的真实需求。

Creative
Conflict

●

第 6 章

讨价还价模式中的战术技巧

既要善用己方战术，
又要警惕对方的行动。

Creative
Conflict

　　基本战略为我们指明目标方向，而战术技巧则是达成目标的手段。利用战术技巧向对方施压，可以使对方降低期望值，调整谈判动机，引导对方退回底线。**创造性谈判者面临的挑战是双向的，既要善用己方战术，又要警惕对方的战术行动。**只有成功兼顾二者，才能在这场竞争激烈的杠杆游戏中有获胜的把握。

　　对有些人来说，讨价还价的战术技巧可能包含故意玩弄权术的意味，但是必须重申：讨价还价是一种对抗性活动，人们的任务是获得优势，捍卫自己的利益。虽然人们通常不会用这种方式对待朋友或邻居，但谈判就是谈判，它受不同的规则支配。就像是与人玩扑克，别的玩家有时会虚张声势，没人指望对方会直接亮出手里的牌，打牌有打牌的规则。唐·卢凯西在《教父》（*The Godfather*）第三部中说："这不是私人问题，这是生意。"

　　现在问题来了：人们如何划分战术策略和要诡计之间的界限？如何界定隐瞒和诓骗？尽管有些手段会更接近红线，但还是要视情况而定。人们会把自己的历史经验以及对对方的信任程度纳入考虑范围：如果有人对你要过伎俩，你会心中有数。这里有一条经验法则：如果某种手段可能影响你的信誉，那付诸实践可能就是个坏主意，比如，故意散布虚假信息就是不可取的。对于买家来说，对报价已是最低的卖家说他们的价格依然比自己的预算高，这是一回事；对卖家谎称还有两家公司报价更低，那就是另一回事了。如果这是买家的惯用手段，消息一传开，其声誉定然受损，那么将来投标者一定会抬高报价，以便争取更多谈判空间。

创造性谈判建立在对生意场的理性认识上：今天的对手可能就是明天的合作伙伴。诚实正直不仅仅是高尚的品德，更是与人合作、接触到更有利可图交易的通行证。可是，如果事实证明对方不诚实，该如何保护自己呢？假如仍有必要继续与对方打交道，那么就需要进行更密集的调查，并且必须以书面形式记录下哪怕是细枝末节的信息。抬高价格，可以给对方的不可靠征点税，税款也可以用于支付因项目进程放缓而投入更多监管精力带来的运营开销。然后，在与对方签约之后，做好心理准备，在交易的执行和后续跟进中需要做更多的工作。

我们已经把讨价还价的战术技巧归类到它们各自的战略分类中，便于读者参考。

挖掘己方优势

讨价还价的技巧围绕影响力杠杆展开，这个方法的关键就是挖掘己方优势，并借此向对方施加压力。下面有几种行之有效的技巧。

"要就拿走，不要拉倒"

我们在第 5 章提到，布莱恩与小贩哈里讨价还价时，小贩哈里说："17

枚谢克尔，这是底线。一分都不能让了，不然我宁可死！"

"要就拿走，不要拉倒"，这是谈判中很经典的最后通牒：要么成交，要么走人，别无他选。尽管这句话可以用在谈判的任何阶段，但更多使用在谈判接近尾声时，此时一方可以借此告知对方他们已经使尽全力了。如果谈判一开始就采取这个态度，那可能不是在运用战术，更像是真的放出底线了。为了缓解紧绷形势，可以有条件地使用这个手段，比如人们可以向对方抛出价格底线，但在合约条款和条件上留些弹性。

生意场上人们很少直接说"要就拿走，不要拉倒"这么多字，大多数人会通过不太具有煽动性的方式来传达信息，比如有位销售员曾经对我们说："这是我的扭头价。"意思是如果对方不同意，他扭头就走。其他表达同样意思的说法还有：

- 我已经尽最大努力了。
- 这是我们的标准定价。
- 这是我们公司的规定。
- 这个价格白纸黑字地印在投标书上，不能改了。
- 我的权限就只有这些。

利用这种手段，目的是呈现报价的合理性，展现自己的权威，让对方明白自己对报价态度坚定。于是，对方开始疑惑："他是认真的，还是在使用一个谈判的筹码伎俩？"如果按报价成交，这个计策就成功了。如果你是买家，或许还要试着应对这个计策："如果我们 10 天内用现金支付呢？价格能再好些吗？"但是，如果你给对方进一步施压，或者干脆不去理睬，"要就拿走，不要拉倒"这种看似坚决的态度，很可能暴露出卖家真实面目，这只不过是卖家摆的姿态而已。正如布莱恩与小贩哈里所进行的讨价还价过程：

> 小贩哈里：17 枚谢克尔，这是底线。一分都不能让了，不然我宁可死！
>
> 布　莱　恩：16 枚谢克尔。
>
> 小贩哈里：成交！跟您做生意就是痛快。

人们可能也需要不时地摆出"要就拿走，不要拉倒"的架势，不让自己的影响力杠杆消失。有一个故事发生在已故通用电气前董事长杰克·韦尔奇（Jack Welch）和波音公司原 CEO 菲尔·康迪特（Phil Condit）之间。韦尔奇的很多生意是在午餐时做成的。例如，通用电气曾投标过新波音 777 客机发动机项目，有一天韦尔奇缠着康迪特谈对这个事情的看法。他一直缠着康迪特不放，最终康迪特告诉他，通用电气基本上获得了这笔生意，但韦尔奇不能对他的下属说。接下来的 3 个月里，波音公司逼着通用电气的谈判者一次次在价格上让步。韦尔奇再也无法忍受，他对康迪特说，他要食言了，不想继续沉默下去了。于是康迪特建议他让他的下属回去，"要就拿走，不要拉倒"。于是，这笔交易当天就成交了。

要想让"要就拿走，不要拉倒"这一招有效发挥作用，需要谈判者有强势的态度和立场。它表明谈判者假如失去这笔交易也不至影响生存，并且愿意冒这个风险。当产品商品化、市场上类似的选择很多时，这招对买家比卖家更有帮助。如果布莱恩不是那么匆忙，他可以瞬间扭转局面对付小贩哈利。还有一点，如果真用"要就拿走，不要拉倒"这一招，要准备好应对强硬的谈判风格可能引起的局面紧张，以及对方产生的不满。

善用上级领导

面对一个没有缓和余地的"要就拿走，不要拉倒"的谈判技巧时，一个屡试不爽的反制对策是请自己领导出面联系对方领导，要求公平处理这笔交易。有些僵局一旦交给上级去处理，最终结果可能更加灵活。

活用最佳最终报价

这是另一个让买家怀疑是否还有谈判余地的战术技巧。"要就拿走，不要拉倒"这个技巧双方都能用，但最佳最终报价严格来说是买家策略。这句话的意思是："我不想浪费大家时间。谁的报价最低，谁就会得到这笔生意，所以先给我最好的价格。"

尽管最佳最终报价很少真的被看作"最终""最佳"，但它可以缩小价格差距，因此在谈判开始前便能确定是否有可达成协议的空间。这个手段可以迫使卖家挤出提案中的利润，使买家处于主导地位。但是即使卖家照做，买家依然会继续压价，把卖家逼到下一个"最佳价格"。**这个技巧的缺点是，一旦采用，双方的合作可能就会消失。**如果卖家感觉已经被逼得无路可退，便不太可能主动提出如何更好地安排工作，或者主动提醒买家产品规格说明中有缺失信息。他们会图省事，把成本降到最低，并且知道可以通过后期的变更订单来报复回去。

卖家是否应该屈服于买家的最佳最终报价而不做深究？答案根据自身情况而定。如果生意兴隆，可以强硬些，把锚定价格定得高些。但如果相反，销量着实很低，并且落标丢了 3 个项目，那就很难做有风险的决定。但是，尽管有点冒险，卖家依然有机会即使不提供最优报价，也能达成好的交易。要想摆脱最佳的最终报价带来的束缚，有个方法是提出低一些但合理的报价，同时对标书中的某些部分进行模糊处理，然后卖家可以对买家说："我们的标书有很多精妙之处，让我们用一小时的时间给您逐条解释。"如果买家同意，卖家就有机会向对方阐明定价理由，甚至提出一些既不损害自己利益、又能降低成本的想法，比如用柏油碎石代替混凝土铺路。

设定战术期限

时间上的压力会促使人们采取行动。季末临近时，销售员面临业绩压力，愿意削减利润，更加努力促成新单。但如果订单积压交付不了、终端用户催促交货，也会令买家在谈判时变得束手束脚。

谈判过程是有时间限制的。**精明的谈判者会利用时间压力向对方施压。**作为一种施压手段，买家可能会在最佳的最终报价上加上一个期限："你们必须在星期五下午 3 点之前给我们最优报价，否则我们只好开始跟别人谈了。"或者销售员会警告说："我只能将这个价格保持到本星期末，过后就要收额外费用了。"

当对方也面临源于自己组织的期限压力时，抛出战术期限在谈判中就更有说服力了。如果知道对方也承受着来自内部的压力，就逼得更紧些。相反，如果组织给出一个期限，人们应当争取延长期限以扩大谈判空间。

制造战术僵局

这是一颗威力无比的战术炸弹。假设人们演示完提案，却遭到客户的强烈反对，但自己还想解释更多尚未说明的内容。此时人们期望这样的僵局快点过去，双方能重新恢复谈判。但为了让对方缓和下来，人们选择暂时离场，心里完全清楚还有其他选择。但如果真的陷入僵局，有目的地选择离场、主动放弃，那要另当别论。这种做法并非无可挑剔，但如果确实不是笔好交易，选择放弃反而是件好事。

制造战术僵局是一场高风险、高回报的策略。 眼见有所指望的交易就要突然飞了，没有比这更能让人慌乱、没自信的了，也没有比这更能测试对方决心、加重对方焦虑或者降低对方期待的策略了。通过这种技巧，自己向对方传递的信息强而有力。

从表面上看，制造一个僵局听起来像是世界上最容易的事情。"我很抱歉，但看起来我们得另找他人。"说完后自己收起理智，起身回家，直到对方追上来答应让步。但大多数人都不是经济学专家，制造战术僵局是为了利用情绪达成目的。即使对方没有完全的敌对情绪，也会造成气氛紧张，这违背了我们最珍视的与人为善、和睦相处的社会规范。

更重要的是，因此彻底失去这笔交易的可能性是真实存在的。当然，人们可以委婉地暗示未来还有可能："我们很愿意与你们合作，但我们不能接受这个价格。如果事情有转机或者你们有能带来额外收益的项目，我们再谈吧。"尽管如此，有时对方也可能任由你转身离开。也许他们没看到有回旋余地，或者他们认为是虚张声势。如果与你谈判的是老客户或首选供应商，或者你对收获创造性的结果抱有很大希望，此时失去交易的危险就会加大。一旦运用不当，这种举动可能会无法挽回地彻底摧毁一笔生意，甚至破坏一段关系。**在使用这个战术技巧之前，请仔细考虑其战略意义，这一招成功后得到的短期收益是否大于失败的风险？**

既然如此，为什么要冒险采用这种战术技巧呢？根本原因是，人们不会多付钱，也不会少收钱。一位汽车销售员向我们透露了一个秘密，除非客户转身要离开汽车展示厅，否则他们永远没有机会接近经销商的价格底线。这么看来，我们在第 5 章提到的格里斯沃尔德的遭遇令人同情！如果人们能很快地谈妥一笔交易，可能只是因为定的目标不够高而已。

为了降低失去交易的风险，我们建议人们事先咨询领导，并与组织打好配合。战术僵局应该只是一个特定时刻，而不是终点。即使对方让自己走，自己也要有方法重新回到谈判桌前，事实上自己既没有被人封了去路，也没有走进死胡同。只不过可能失去了点影响力杠杆，但手里还有牌。这里有 3 种方法可以挽回面子，让谈判重回正轨：

- **带着新信息回来。** 打电话给他们说："现在有点新情况，我想你们应该了解一下。"说什么都行，随你怎么说，关键是克服尴尬，重拾对话。
- **请个人来缓和僵局。** "瞧，我已经尽力了。我请我领导来，让他跟你领导谈谈。"
- **设计一个更好的方案。** "我想我找到办法了，对双方都有利。你有兴趣听我说说吗？"这个说辞我们实实在在用过几十次了，还从没听到对方直接拒绝说："不，我不想听。"不过自己必须确保能自圆其说。

洞察对方需求

人们对对方的需求、欲望和弱点了解得越多，就越能更好地判断他们在谈判中的灵活度。下面介绍一些经过实践验证的方法。

巧用林中漫步法

林中漫步法这一战术的命名，是为了纪念在冷战最激烈时期发生的一个事件。当年美国官员保罗·尼采（Paul Nitze）和他的苏联对手在进行削减核武器数量的谈判。中途在两人休息期间：

> 因为双方在日内瓦的会谈陷入绝境，两人走出位于日内瓦郊外的休养中心，一起去林子里散步。在如画的风景中，这次散步让两人达成了非正式的妥协。他们边散步，边讨论双方共同的关注点、分歧和顾虑、各自利益和目标。他们对两国在不断升级的军备竞赛中所面临的问题实现了真正的理解。尽管他们的协议随后遭到莫斯科和华盛顿的拒绝，但在他们会晤期间发生的传奇故事，开始体现出非正式的人际互动中磋商的优势。

在探查信息的过程中，提问的时机和场合不同，结果可能也大不相同。 在商务场合的正式谈话中，人们往往守口如瓶，反而在高尔夫球场或鸡尾酒会上，可能运气会好些，可以让对方打破沉默。如果双方相距甚远或日程太满无法见面，那么一个简单的电话也有同样效果。买家可以先跟销售员从一般性问题开始，比如聊聊领导，问问业务进展如何，或者销售预测怎么做的。到 10 个洞或者一两杯酒下肚后，买家就可以提些重要问题："你们是按佣金计薪的吗？"销售员可能会回答，甚至可能透露他需要完成这笔交易才能拿到奖金。

在轻松的环境中，社会规范在人际互动中就展现出来。言多必失，祸从口出。只要确保言多的不是自己！

林中漫步法也能在公司内部创造奇迹。比如，当工程师或运营人员紧紧守着信息不分享，很令人恼火时，那不妨请他们出去吃午饭。带他们去看球赛更好，到第四局的时候，你就能听到想要的信息了。

善用公司资源

双方的工程师、会计，甚至是行政助理之间的闲聊，透露的信息可能比来自一线的对手说的还要多。为了获得最大价值，在请同事出去帮忙探听情报之前，最好对他们进行一番指导。买家的谈判者可以考虑以下事项：

- 他们有多重视我们这个客户？他们是不是在利用我们撬开这个垂直市场？
- 卖家是不是希望利用与我们的交易向其他客户推销？
- 卖家是如何考量销售员业绩的？销售员是拿佣金的还是单纯靠薪水的？
- 卖家现在多大程度上需要我们？他们工厂是不是只运行一半产能？他们是不是在发展新业务，只要有生意，无论价格是多少都行？
- 卖家的哪位经理或高管最盼望达成交易？

如果是卖家，就应该了解这些：

- 买家目前的供应商是谁？他们的关系有多牢靠？
- 买家是否有现成的长期供应协议？如果有，协议什么时候到期？
- 根据供应商评分系统，最近是否有供应商的表现在下降？
- 买家还有哪些选择？有什么因素阻碍他们做这些选择？
- 买家是否迫切需要产品？
- 买家是否重视价格和条款以外的其他问题？比如，可持续发展、社区关系？
- 买家有哪些经理或高管最盼望交易成交？

战术性退缩

小贩哈里在与布莱恩讨价还价的过程中采用了战术性退缩的技巧：

布　莱　恩：我给你 10 枚谢克尔。

小贩哈里：这才像砍价的样子。10 枚谢克尔？您是在侮辱我吗？我
　　　　　还有个快死的穷祖母要养，您只出 10 枚谢克尔？

这个场景每天都能见到。卖家给出一个看似公平的报价，弱势的买家可能会说："听起来不错，在我预算内。"或者："真的，只能这样吗？"强势的谈判者可能会说："这超出我们的计划预算了。"而富有创造力的讨价还价者可能会夸张地咧嘴皱眉并且惊呼："哇，那么多钱？"如果是卖家，可能会说："天哪，如果我把这样的报价带回到团队去，我会被解雇的。"

要想让战术性退缩起作用，需要使用基本的表演技巧。买家假装对报价感到震惊，其实价格只是他们预期的一半。他们可能会继续解释为什么不能接受这个报价，事实上他们完全可以接受。在任何情况下，他们都在发出一个信号，告诉卖家将面临艰难的谈判处境。这是一种搜集数据信息的技巧，让对方感到不安意外，暴露弱点，逼迫他们不得不慌乱地对自己的报价做解释。

这种退缩性技巧可能看起来没有必要，但它比人们想象的更管用。有时候人们是不经意间就采用了这个手段：

米克·拉尔夫斯（Mick Ralphs）是在喧闹者摩特（Mott the Hoople）和坏伙伴乐队（Bad Company）担任吉他手的英国音乐

家，他讲述过自己是如何发现那把带有传奇色彩的吉他的故事。顶级的吉他价格一般都非常高，因此音乐家们便去当铺淘些便宜货。在喧闹者摩特乐队首次去美国巡演时，有一天，拉尔夫斯遇到一把罕见的 1958 年吉普森的莱斯·保罗（Gibson Les Paul Jr.）入门版吉他，当时价值高达 2.5 万美元的古董款，保存状况极佳。拉尔夫斯说他当时假装很无知，然后问当铺经纪人："橱窗里那把红吉他多少钱？"

当铺经纪人说："你是指吉普森的莱斯·保罗入门版那把吗？"拉尔夫斯听后心一沉。但是那人说道："100 美元。"拉尔夫斯不敢相信自己有这么好的运气，叫道："100 美元？"然后当铺经纪人说："好吧好吧，50 美元。"

战术性沉默

有时候双方僵持不下，谈判现场会陷入长时间的沉默。有经验的买家不会因此感到尴尬，尤其是当他们知道自己有更多影响力的时候。他们等着心中忐忑的卖家先开口，打破当下的寂静氛围，而卖家此时往往会口不择言。买家慢慢地翻看卖家标书，哪怕标书无可懈可击，他们只耐心地等着卖家凑过身来说："别担心价格，我们可以再商量，我们很灵活的。"没等买家开口，卖家已经先让步了！

战术性沉默，看起来与搜集数据信息的计策相悖，其实不然，这本质上是用自己的沉默来引发对方急躁情绪的技巧。莫布斯讲过一个他与沥青销售员谈判的故事：

双方的价格每吨相差 50 美分，这是一大笔钱。最后，销售员说："瞧，我不能把那 50 美分让给你。"

莫布斯说："如果你不能让给我，谁能？"

那家伙说："如果有人能做到，那只有我领导了。"

"哦，是吗？你觉得他会让给我吗？"

"我觉得会，为什么不呢？"

不用说，莫布斯拿到了 50 美分的折扣。众所周知，卖家往往是那个泄密者，因为他们一直承受着巨大压力，无论如何都想要促成交易，让买家满意。如果谈判包括泄露一点商业机密，那也是做生意的代价，不是吗？还有几个例子：

- 我们可以很快安排发货，现在库存太多了。
- 我们的股价正在下跌，我们真的需要增加营业收入。
- 我正面临指标考核，我真的需要这笔业务。

而买家也有可能泄密：

- 你们的产品是唯一通过我们验收测试的产品。
- 我们的工程师很喜欢你们的设计。
- 你们交货时间能有多快？我们很快要关掉这条生产线。
- 我们必须尽快搞定这笔交易，明年初我们的产品就得开展营销活动，打算上市了。
- 上次我们就是这么改的，花了一大笔钱。
- 顺便问一下，价格可以商量吗？对方显然只有一个答案：不，不能再商量了。

这些行为草率的人并不是蓄意损害企业利益，只是不具备谈判者思维。他们在谈判时仍遵循社会规范，要求人们保持开放、诚实和友好的态度。可惜，无论双方的谈话气氛看起来多么融洽，谈判依然必须按照市场规范进行，毕竟，人们对对方公司内部运作了解得越少，对对方越好。

降低对方的目标预期

强化自己目标的有力方法是削弱对方目标（见表 6-1）。大多数生意人都知道如何应对客观风险，他们可以进行定量评估或借助第三方的专业知识来解决。虽然知道真实存在的风险并不会客观上消除，但至少这让自己有证可循、胸有成竹。

表 6-1　对方面对战术技巧会出现的主观表现

战术技巧	主观表现
虚报底价	没把握：我真的不太了解市场
战术性退缩	尴尬：我有点过分，他们会觉得我太贪婪了
压价	感到不安全：他让我降价，我还是降吧
出言不逊	害怕被拒绝：我现在所处的立场比我认为的还要不利
占小便宜/出尔反尔	失败、绝望：我现在可不能跟他们谈崩了
设定战术期限	惊慌：我还是满足他们吧
制造战术僵局	焦虑：我要失去这笔生意了

主观风险完全是另一回事。有些人觉得自己无懈可击，仿佛坏事肯定不会发生在他们身上。他们漫不经心地开始谈判，通过电话完成交易，之后又后悔莫及。但更为常见的、同样具有破坏性的是相反的情况，即谈判者将一个可控风险夸大为迫在眉睫的灾难。当谈判者夸大风险时，更容易受到对方战术技巧的影响。

如何克服这些主观障碍，重建人们的客观影响力杠杆？最好的防范方式是提醒自己实际拥有比想象中更多的力量。另外，对方也有压力和弱点，我们将在第 7 章讲到。

虚报底价

有一些谈判文化中，成交价是报价的四分之一这种情况司空见惯，因为大家都心知肚明，卖家的起始报价至少是自己可以接受报价的两倍。大多数美国人在使用这个技巧时会游移不定，担心会冒犯对方。某些情况下，尤其是双方有长期合作关系时，他们不采取这种技巧的做法是可以理解的。但是只要市场上存在不确定性，以及多方报价相差很大，虚报底价可能是一种有效而理性的处理方法。**坚守自己的锚定价格，辩称对方的锚定价格不合理，这样便能很快发现对方在定价上的灵活度。**这样，不管接下来形势如何变化，都能保证自己有足够的谈判空间。

出言不逊

一项完美计划，即便定有高目标，但当谈判进入艰难境况时，目标也无法完成。对内制订计划容易，一旦开始在对外谈判中实施计划，做起来必定不再轻而易举。他们将不惜一切手段降低对方的预期，甚至会出言不逊。他们可能抓着一些小事不放："上次我们把订单交给你们来做，你们交货晚了两天。"或者："你真是个不好合作的客户，什么都要最好的，价格还得最低。"这种难听的话一遍遍地重复，渐渐就会变成威胁："相信我，你的产品也没什么特别。如果你不答应我们的要求，我们就去找别人。"或者签约后出现纠纷："如果你不能遵守和履行你的承诺，我们就让法务部来处理。"

这些难听的话有的可能是真的，有的可能是捏造的谎言。是不是真的不重要，重要的是他们在打击你，让你猝不及防，不得不开始防守。不管对方故意刁难的自私意图多么明显，你的无意识系统受杏仁核驱动产生悲观主义的消极情绪，立刻开始影响自身的判断。你的心里有一个不祥的感觉：目标价格肯定没戏了。

但是请记住在谈判场上学到的一个道理：棍棒和石头能打断我们的骨头，但恶言不能伤害我们。那些废话并不能改变双方客观的力量对决，也不会减轻对方的压力。将这些废话抛之脑后，坚持自己的说法。即使对方说的是真的，那也不是全部。虽然有时自己的组织内部可能会出点差错，但是自己不是也为对方加倍付出过吗？用数据反驳对方的指责，比如，自己准时交付的情况远胜于其他供应商等等。再找第三方来证明，最好是对方组织内部的人。最后，别忘了谈判技巧就是技巧，雷声大雨点小。出言不逊的人往往并不当真，自己要是当了真就输了。

把握让步时机和让步分寸

让步对于大多数谈判来说都是必不可少的润滑剂，但要做出让步必须有清楚的目的，最关键的是什么时候让步和让步多少。

压价

当卖家听说竞争对手即将推出类似的解决方案，但价格更便宜时，对卖家而言，没有什么比听到这样的话更能迅速削弱自己信心的了。压价的目的是买家想说服卖家缩小与某个对手之间所谓的价差。一些买家会说得特别动听："我们很喜欢你们企业，真的很想与你们做生意。我很感谢你们为这个方案做的所有工作，但是……"还有一些其他说法，如果卖家听到以下任意一种，不要怀疑，买家一定是在压价、逼着让步：

- 你们最好给我个好折扣。
- 你们还得给我更好的方案。
- 我们准备跟你们签约，但你们也得差不多才行。

虽然在咫尺之内就能达成交易，但除非卖家降价，不然这笔交易就悬而未决，现在卖家左右为难。假设卖家的锚定价格有点高但很合理，并且知道可以稍微降价。卖家也知道买家在怀疑报价虚高。但一旦卖家表现紧张，很快就做出让步，买家马上就看到机会，会要求更多让步。"现在接近了，但是……"

创造性
谈判技巧

如何在对方步步紧逼时推动谈判

当买家步步紧逼，迫使卖家降价时，卖家该如何推动谈判向前发展：

- **扩展谈话内容，坚守立场。**坚守价格，强调给买家提供其他价值，比如准时交付、售后服务等。
- **让买家也让步，以此作为回报。**如果卖家降低价格，作为交换，要求在其他方面获得优待。如果买家不回应，那就拒绝继续谈判。
- **虽然买家通常有更多的选择权，但高端的卖家在特定交易中也拥有影响力/施压优势。**如果买卖双方是这种情况，那卖家就可以态度坚决些。此处假设卖家已经做了必要的计划和研究。买家压价，可能是知道卖家是他们的最佳选择，因为处在劣势，导致买家先发制人，试图抢占先机。

如果卖家有足够的影响力杠杆，可以做点象征性的让步。然后

采用"要就拿走，不要拉倒"的手段扳回一局："我只能做这么多了。"

我们将在第 7 章介绍一个戏剧场景中的案例，我们将看到，压价在其中扮演了重要角色。

占小便宜

"好吧，看来我们已经解决了所有的重要问题，我们准备同意你的价格。哦，我还有个小问题，我们需要延长付款期限，你没意见吧？"

此时，艰苦卓绝的谈判已经接近尾声，人们很自然就放松下来。他们此时对这笔交易充满感情，如今终于看到终点。也许已经向领导汇报过交易已经达成。另外，也不想让对方失望，毕竟双方现在要成为"最好的朋友"了。最后关头被占小便宜，会让人有被摆布的感觉，但值得因此争论吗？如果这笔交易仍然有利，让这一步又有什么影响？

但是请想想，这并不是一个小小的让步。或者除了这个要求，还会有另外两三个或四五个要求在等着。这种占小便宜的战术，正是对方把一些问题留到游戏即将结束时，在人最脆弱的时候抛出。一旦同意延长付款期限，他们还会要求少付预付款，然后是一些免费的产品更新。任何一个小让步，都很容易被合理化，反正也没什么成本，况且也答应过其他客户。然后当把所有这些加在一起时，人们就发现自己被欺骗了。

即使让步成本看起来微不足道，但占小便宜会扩大对方的主观价值，可能会对双方未来的谈判产生重大影响。下面是应对方法：

- 提醒自己，交易还没有完成，不管喜欢与否，自己重新进行讨价还价的谈判。对方可能仍然在探测自己的底线。

- 无论你最终是否同意对方的要求，不要鲁莽行事，做沉思状然后回答："我得想一下。"

- 假装退缩，表现夸张也无妨："等一下，你说我们已经成交了。你现在提这个要求，跟我们成交的可不一样了！"或者用一个说法间接地表达"不行"，比如日本人的惯用说辞是"那太难了"。如果你最终屈服，对方就更会有跨过障碍后收获的成就感。再者，你表现出勉为其难地同意这次让步，也有利于阻止他们企图再要别的好处。

- 在应允第一个小要求之前，先了解清楚对方还有没有其他要求，然后说："我们会考虑的，不过就这些了，对吧？"以此迫使对方放弃其他要求。

- 如果对方惯于如此占便宜，在以后的谈判中预留些额外的好处，以保护好利益立场。

此种占小便宜的举动合乎情理吗？我们认为在某些条件下是合理的：

- 人们确实忽略了在交易成交前需要涵盖的某个事项。

- 谈判经历了很长的过程，有些情况发生了变化。这是在建筑行业的交易中经常出现的情况。

- 如果卖家占上风，他们固守的报价很难被打破，人们可以在签约前尝试争取一点额外的好处。可以增加些内容，比如给移动设备的内存升级、提前一天交货等等。或者也可以要求他们赠送一些免费产品，这是一种无形的让步，可以有效降低自己的成本，同时又不会破坏对方的价格结构。

出尔反尔

我们有个朋友拿到科罗拉多州丹佛一家大医院的工作机会，然后便打算出售开在同一州的小镇医务诊所。他要价 35 万美元，最后以 32.5 万美元成交，在交易完成前预收了 5 万美元的保证金。诊所停业日那天，就在他准备动身去医院开始新工作前，买家告诉他："很抱歉，我父亲要资助我这笔交易，他觉得你的诊所只值 27.5 万美元。"我们的朋友会如何选择？是降 5 万美元还是取消交易？没错，他深深地吸了口气，选择降价出售。

一次成功的谈判需要付出相当大的精力，心理上的投入也是巨大的。随着谈判继续，紧张气氛减弱……这时对方重新讨论已解决的问题或者提出新问题，出尔反尔。他们可能要求收回一项让步条款或增加一笔金额可观的额外费用。他们行事极端。看上去就要成交的交易，现在面临失去交易的可能性。面对这一严峻前景，人们似乎只有一条出路，那就是无可奈何地做出让步。

出尔反尔的举动有点让人难以定夺，也有点不道德，尤其是谈判快结束时。我们不建议经常使用这种手段，但做好防御还是有必要的。事实上人们是有选择余地的。人们可以对对方的虚张声势说不。他们也不想因此失去交易。也可以在最后一刻用自己的方式反击，坚持要求他们做出回报。或者，如果能接受，也可以同意这次做出让步，但是要严肃申明坚决不会再接受进一步的协议变动。

出尔反尔的举动合乎情理吗？这里有个场景可以为它的正当性辩护：在谈判中，对方不断要求让步，同时却固守锚定价格。**当一切尝试都无法**

奏效时，可以**出尔反尔，收回一个已经同意做出让步的事项，借此向对方传递一个信息：自己已经到达极限了。**有些人总是不停地向对方施压，直到遇到现实的考验，压力反弹回来。这时候，出尔反尔就是自己的杀手锏。

数字干扰

在美国发明真人秀《鲨鱼坦克》(*Shark Tank*)[1]的一期节目中，两名研究生提出一个项目建议，出租昂贵的电子教科书，按使用次数付费。亿万富翁、投资人马克·库班（Mark Cuban）喜欢这一概念，但不满意他们报价用 20 万美元购买项目 10% 的股权要求。接下来的场面是这样的。

1 号创业者：库班，我们同意您的说法。我们希望您能参与帕科巴科（PackBack）这个教育科技初创公司的发展。我们愿意让您用 20 万美元购买 17.5% 的股权。

库　　班：25 万美元购买 20% 的股权怎么样?

1 号创业者：您愿意用 20 万美元购买 20% 的股权吗?

库　　班：是的!

尽管库班出于好意还是用 25 万美元购买 20% 的股权，但这位年轻创业者的错误暴露出他心中对争执感到不安，并且毫无疑问，双方的影响力杠杆失衡加剧了这种不安。这个例子还说明了量化价值的重要性。当对方要求的折扣是以百分比计时，或者转而谈论工时费率时，人们很容易混乱，弄不清楚涉及金额到底是多少。

---

① 《鲨鱼坦克》，也称《创智赢家》，是美国广播公司的一个发明真人秀节目，发明创业者在节目中展示他们的发明，吸引嘉宾投资。——译者注

莫布斯讲述了一桩价值 5 000 万美元的建筑交易，此时他的团队是卖家。他们的标准服务费用是总价的 12%，而对方则试图降至 10.5%。双方谈判陷入僵局。这时莫布斯公司一个叫哈拉尔德的总裁走了进来，针对问题了解了相关情况。买家重申了他的要求，然后哈拉尔德说："要降 1.5%？嗯，我们 10% 可以做，对吧，伙计们？"他们最终谈到几个点呢？到了休息时才有人鼓起勇气告诉哈拉尔德，这 1.5% 要让他们损失 75 万美元。

我们无意识系统的数学计算很差，在没有精准计算好价值的状况下，永远不要轻易让步。

扩大交易范围，让谈判继续下去

人们为达成协议进行讨价还价，有时候会出现一方甚至双方都别无选择、只能改变目标方向的状况。聪明的做法，是在发生这种改变时，要能让交易令对方更感兴趣。

比如，你打算把厨房改造一下，然后公开招标。你首选的承包商拿给你一份价值 6 万美元的方案。你说："看起来不错，但我没有 6 万美元。我最多只能拿出 5 万美元。银行给我们的贷款太少了。"

承包商不想失去这笔生意，但以 5 万美元的预算，他做不到既满足所有参数要求，又获得合适的利润。你已多次施压，让他找出降低成本的办法，像用不那么贵的厨柜柜面，或者你自己刷边漆。但假设他说："瞧，能减的我已经都减了，成本还是做不到低于 6 万美元。"

你说："我只有 5 万美元。但你知道吗，我哥哥正在找人重新装修他的整个房子，有一间厨房和两间浴室呢。如果你能花少点钱做好我的厨房，也许我可以帮你弄到他那个工程。"现在你不只是在减少成本，还抓住机会扩大交易范围。**扩大双方的总体业务机会，正是从高阶的讨价还价模式向创造价值模式过渡的桥梁。**

创造性谈判指南

- 讨价还价模式包含不正当手段和误导成分，在谈判中需要慎用。

- "要就拿走，不要拉倒"这种最后通牒式的技巧，是一种构建影响力杠杆的技巧，谈判者处在强势地位时使用最有效。

- 双方可以利用最佳的最终报价扩大谈判空间。买家要求卖家提供最佳的最终报价，在真正的谈判开始之前直接向卖家施压，令其缩小价格差距。卖家的应对方法，是预留谈判空间、增加几处需要细致讨论的模糊点，借此转移最佳的最终报价的束缚。

- 制造战术僵局是最终的博弈，是探测对方灵活度和决心的最佳手段。

- 在谈判桌上披露数据信息要谨慎。

- 随着谈判临近结束，当心那些在最后一刻占小便宜的人。

- 在同意让步之前，将百分比和其他指标转换为实际的金额，确保自己确切地知道放弃了多少利益。

Creative
Conflict

第 7 章

讨价还价模式的实战经验

明确自己价值主张的同时，
发掘对方的需求也至关重要。

Creative
Conflict

国际分销集团（International Distribution）是一家进出口公司，需要采购可供 100 名用户使用的瘦客户端 - 服务器网络[①]，杰克逊是公司的采购专员。高性能系统公司（High Performance System）是主要投标公司之一，莱斯莉是公司的客户经理。

花时间了解对方的更多需求

国际分销集团发出了招标书，列出以下产品要求：

- 硬件包括客户端工作站、机架式服务器和全光纤网络基础设施。
- 其他相关服务包括：安装、配置、故障检测及排除、技术支持、维护和培训。
- 付款期限：到货后 30 天。
- 交付和试运转：30 天。

---

① 瘦客户端 - 服务器网络，指的是在客户端 - 服务器网络体系中的一个基本无须应用程序的计算哑端，它通过一些协议和服务器通信接入局域网。——编者注

高性能系统公司提交的投标总价为 36 万美元。该公司以其在连接销售终端机和库存数据方面的优势享誉业界。除了指定产品规格外，标书还额外包含了一块管理人仪表板，就是把销售信息、库存警报和关键用户信息集成在一块显示屏界面上。

这次的招标书仿佛是为高性能系统公司量身定做的一般，招标内容正是高性能系统公司的强项。莱斯莉被公司寄予厚望，公司希望她能轻松拿下交易。她的领导，也就是区域销售经理已经向公司管理层打包票，称这笔交易必定是囊中之物；公司的营销副总裁希望用这笔交易打开新的垂直市场，扩大公司的市场范围。他们两人每天都催促莱斯莉，给了她 10% 折扣的自由谈判空间。莱斯莉觉得如果客户继续紧逼，他们可能也会同意再让 5%。尽管营销副总裁认为国际分销集团是个大客户，但如果超过这条线，他们可能就难办了。然而高性能系统公司的库存已经超出上限了，要不顾一切地削减库存。

第三季度还有 3 天就结束了。高性能系统公司的销售管理部门为了在限定时间内拿到更多订单，面临巨大的压力，此时这压力向莱斯莉这里传递过来。在之前一个月，她有一笔交易告吹，她得知自己因 1 万美元的差价而失去了 50 万美元的交易。当下她尚未完成销售目标，季度奖岌岌可危。她女儿下个月开始上私立学校，需要支付极其昂贵的学费。而且时间太紧迫了，因为莱斯莉一家人 3 天后要一起去夏威夷度假，费用已经预付了，无法取消。最重要的是，如果在她离开之前没能谈妥，莱斯莉的一个同事会接替她，而这位同事的工作能力非常差。

莱斯莉：我觉得这个项目很简单明了，杰克逊，我们的标书涵盖了贵公司要求的瘦客户端 - 服务器网络、客户端工作站、机

　　　　　　　　架式服务器、全光纤网络基础设施以及所有相关服务。

杰克逊：还有服务。包括安装、配置、故障检测及排除、技术支持
　　　　和维护……

莱斯莉：还有培训。

杰克逊：对。大家的标书都是同样的一套内容，而你们的总价是，
　　　　等一下，是这个报价吗？（他眯着眼睛看了一下她的标书，
　　　　然后夸张地装作恍然大悟。）你们报了 36 万美元？

莱斯莉：是的，就是这个价。

杰克逊：（我打赌这个价格一定有水分。）天哪！但我一直在和其他
　　　　投标公司谈，莱斯莉，你得给我们更好的提案。

　　杰克逊直接开火，发动攻势。高性能系统公司销售的是一套解决方案，包含高科技、高价值的产品，还提供一系列的专业服务，但杰克逊的行为就像个典型的讨价还价的小贩。首先，他试图将竞标者所提供的产品和服务商品化："大家的标书都是同样的一套内容。"潜台词是你们所谓的特色并不特别，你们和其他人一样。

　　为了击垮莱斯莉的自信，动摇她的立场，他佯装退缩："你们竟然报了 36 万美元？"接着杰克逊吐出了那句有魔力的话：你得给我们更好的方案。这是买家非常经典的通过压价来试探卖家灵活度、争取谈判空间的手段。这个技巧往往能奏效。杰克逊可能还会说那句经典老话："你得给我个好折扣。"或者更含糊些："你的报价有点接近了。"我们认识有个买家使用了这套说辞很多年，严格来讲不能说他在扯谎。不过，从来没有人想到去问问他："我们是接近最高报价还是最低报价？"但有些卖家的报价已经很低了，最后的谈判结果根本就是在跟自己过不去。

听到买家压价时，卖家的第一反应很关键。现在球被踢到莱斯莉这边。

莱斯莉：什么才是更好的价格呢？

杰克逊：这我没法告诉你，这样就不公平了。这是个暗标。你也不想我把你的价格告诉别人，对吧？

莱斯莉：哎呀，你得跟我说呀。要给你们更好的价格，我必须跟领导汇报，我得知道应该争取报多少才行啊。

杰克逊：瞧，我告诉你这些是因为我喜欢你，我希望我们能一起做生意，但我只能告诉你，你们需要大幅度地降价。

买家总是在寻求更好的价格，他们一开始就认为大多数报价都是虚报的。和杰克逊一样，他们通常也不愿意自己报个数字，如果卖家准备以低于买家的估价来投标，那不是亏了？由于大多数卖家对自己公司的定价体系缺乏信心，他们往往很快做出让步，所以买家经常用这种模棱两可、拖延时间的态度来套取好价格。**人们一般会遵循谈判时的互换准则，当一方披露信息给另一方时，无疑也有权要求对方披露信息作为回报。**我们稍后会谈到这一点。

现在回到莱斯莉的故事，她准备放弃锚定价格，直接报出她的价格底线，降价 10%。这样绝望的做法，很有可能让她付出代价。首先，她给了杰克逊机会采用讨价还价模式。心中有疑虑时，买家一般会采用一个简单原则：保持愚蠢地简单（Keep It Stupidly Simple，KISS），而像高性能系统公司这样的高质量产品是无法在简单粗暴的价格战中获胜的。正如19 世纪英国作家约翰·罗斯金（John Ruskin）所指出的那样："世界上几乎没有什么东西不能做得粗糙一点，卖得便宜一点。"

莱斯莉需要推动交易过程进入高阶的讨价还价模式。她应该问自己一个简单的问题：除了价格，买家还关心什么？

一般而言，未了解买家的具体情况便对他们的反对意见做出回应是不明智的。报价从来不是凭空定的。在做出第一次让步之前，莱斯莉应该花些时间去了解杰克逊的更多需求。这确实不太容易，毕竟她承受着巨大的压力：一方面，她面临领导的紧逼、季度业绩统计截止日期将近、岌岌可危的奖金、令人心动的夏威夷瓦胡岛海滩和可怕的学费账单；另一方面，她也可以停下来想一想：为什么杰克逊最初会坐下来和她谈？为什么他还没有接受某个较低的报价，与那家公司成交？

原因在这里：买家往往也面临压力。有 5 家供应商对国际分销集团的招标书做出了回应，全部满足基本规格要求和供货范围：

- 所有供应商中，最高报价是 36.8 万美元。
- 高性能系统公司的报价是 36 万美元，接近预算上限。
- 有两家公司，一家报价 31.5 万元美元，比高性能系统公司低 12%；另一家报价 30.8 万美元，低 14%。两家公司均称价格可以再商量。
- 最低报价是 29.5 万美元，是一家初创公司，没有业绩记录可以参考。

杰克逊需要财务总监批准这笔交易，财务人员对他说："这就是笔商品采购。以最低的价格买入。"但前一年他们对杰克逊那笔固态硬盘的大宗采购也是这么说的。后来这些硬盘出现无数的灾难性故障，但供应商拒绝提供技术支持。IT 部同事纳特利已经警告过他必须从别处采购，现在他一有机会就来找杰克逊，提醒他一笔烂交易带来的巨大代价。

此次，纳特利倾向于向高性能系统公司采购，大多数国际分销集团管理层也同意。高性能系统公司以准时交付闻名，是这个行业的技术领导者，国际分销集团还可以以此作为吸引客户的由头。服务器宕机造成的损失太高，多付点钱减少风险是值得的。而且，杰克逊的运营经理很喜欢那个仪表板功能，她对他多次说过："这说明他们真的很懂我们的需求。"

杰克逊听闻高性能系统公司通常追求大型网络客户。他很好奇他们有多看重这笔生意，为了拿到生意他们能做出多少让步。然而时间紧迫。杰克逊分身完成另外两笔较小的合同，当下已经没有招标书中要求的 30 天时间了，公司的运营人员说网络必须在 3 个星期内建成并运行。除了高性能系统公司之外，另外 3 家有信誉的投标公司中，杰克逊知道其中两家根本无法在新的截止日期前交付，另外那家说可以的人，他不大信任。现在，我们重新从对话的最后开始，看看这场谈判要如何进行下去。

确立起自己的价值主张

莱斯莉首先通过层层深入的提问来明确对方的需求。

杰克逊：天哪！但我一直在和其他招标公司谈，莱斯莉，你得给我们更好的方案。

莱斯莉："更好"是什么意思，你定的条款吗？30 天付款周期是行业标准，哪家有更好的付款周期吗？

杰克逊：大家报的条款都是一样的。事实上有一家给出一个更快的安装周期，他只要 21 天就能完成安装。

莱斯莉：我是根据你们的要求提出 30 天的。如果你需要更快的安装，我可以争取满足你。所以你说的就是这个？

杰克逊：不，不，你还得给我们更好的折扣！因为我拿到了比你们
　　　　好的报价！

莱斯莉：听我说，杰克逊，我们非常仔细地研究了你们的需求，给
　　　　你们提出个特别好的方案。我现在非常了解这个市场，我
　　　　已经在这个行业很多年了。我不相信还有什么人能提供比
　　　　我们更有价值的产品。

　　莱斯莉追着杰克逊说得更具体些，她了解到一条重要信息。买家很重
视安装周期，这说明他们可能面临一些时间上的压力。尽管杰克逊仍然
试图把她拽回到价格问题上，莱斯莉已经开始为自己争取出一些谈判的
空间。

杰克逊：唉，我跟你说实话吧，我拿到了更好的价格。

莱斯莉：价格是一回事，价值是另一回事。我们要不一起再来看看
　　　　方案，确保你完全明白我们方案的全部内容。

杰克逊：大家方案里的内容都是一样的：一样的硬件，一样的软件。

莱斯莉：一样的反应时间？一样的零部件？一样的服务人员？

杰克逊：没问题啊，我已经搞定了，这些大家都有。

莱斯莉：当然，大家都有零部件，大家都有服务人员。但是他们在
　　　　哪儿？

杰克逊：在哪儿？

莱斯莉：对。因为知道他们的位置，就知道他们什么时候会出现。
　　　　您看，这是我们在全国各地售后点的分布图。在宾夕法尼
　　　　亚州，我们有 2 个零部件仓库和 3 家服务中心。这就是说，
　　　　我们可以 24 小时内把任何零部件交到你手里，在紧急情况
　　　　时不超过 6 小时。你说大家都能提供这样的服务吗？

杰克逊：嗯，那倒没有……

莱斯莉：有些公司在全国的服务中心不超过 3 家。你知道你们需要现场支持时会发生什么吗？这些公司首先要打电话给票务公司订票！甚至他们有没有你们需要的零部件，这也难说。唉，祈祷吧。还有，你们的网络瘫痪 8 小时会怎样，更别说一直瘫痪到第二天？你的运营经理会怎么想？还有一点你需要考虑，那就是为你服务的人员的素质。

杰克逊：哎呀，不是的，我接触的都是好公司。他们的员工很好。

莱斯莉：我相信他们有好员工。但你能确保好员工来为你们服务吗？能保证他们不会把你的服务外包出去？你看，高性能系统公司是家一应俱全的公司，我们每个服务人员都有执照，至少有 3 年工作经验。你知道吗，有一次我丢了一笔生意，客户去了别的公司，那家公司把客户的技术支持工作外包给了一位专家，那家伙是个设备高手。但是那个客户第一次出现技术故障时，你知道是谁去维修的吗？那个专家的外甥，一个大一新生，学的还是新闻专业！你再往下听：他竟然忘记带上设备操作指南！

杰克逊：啊，不会吧！

莱斯莉：就是啊，不敢相信吧？

　　谈判出现了什么情况？莱斯莉找回之前的立场，立稳了脚跟。她用一句话重新掌握了话语权："价格是一回事，价值是另一回事。"然后她进行一番价值梳理，这是在高阶的讨价还价模式中很有用的一个技巧，也是创造性谈判中必不可少的技巧。**买家在开始谈判时常常对自己想要什么非常坚定，大部分时候是想要较低的报价，但对自己需要什么模糊不清，卖家有责任放大这些需求，并展示自己的产品如何满足这些需求。**这也意味着有时候，卖家也会展示给买家根本不需要的华而不实的内容。卖家更了解产品或服务，更了解品类，更了解竞争状况。如果他们拥有谈判者思维，那便能在整个谈判过程中引导与买家的交流。

莱斯莉接下来举例说明为什么她的公司是最佳选择：零配件库存充裕，技术支持准时到位，服务质量高，等等。但是她并没有把公司的价值机械地罗列出来，相反，她通过标地图和讲故事的方式，将自己的价值逐一展现出来，让杰克逊对她描述的情况产生清晰的画面。为了让对方充分信服自己给交易带来的价值，拥有讲好故事的能力会大有裨益。莱斯莉夸张地描述网络宕机带来的风险，描述忘带设备操作指南的大学生工作经历，她这么做是为了传达一个清晰的信息：听我说，朋友，同样的事情也可能发生在你身上。

通过确立起自己的价值主张，莱斯莉提升了她的方案在杰克逊眼中的价值。她还帮助杰克逊更好地了解他自己的需求，让他能更有效地在公司内部推销这笔交易。她在帮杰克逊的忙。

与此同时，他们之间关于价值的分歧还未解决。双方仍然为了维护各自公司的利益而讨价还价，这仍然是场零和博弈。但是，杰克逊开始用更宽广的视角来看待这场谈判，合作的火花在竞争中闪现，仿佛黑暗中的一线曙光。双方对待分歧的态度已不同，整体氛围缓和，并且双方开始积极地帮助对方达成这笔交易。

理智地请求暂停

杰克逊在与莱斯莉的谈判中陷入买家的两难境地。

杰克逊：瞧，你刚才说的都很有根据。不过，你的报价……

莱斯莉：我们的报价是基于我们的服务确定的，我知道服务对您很重要，杰克逊。还有我们的专业技能。那些报价低的公司，他们的价格并不会真的低，长远来看，他们会花掉你们更多的钱。

杰克逊：但是你们比别的公司贵太多了。相信我，如果我按你的报价给你这笔单子，我们财务人员要晕倒了。你的报价得降下来。

　　杰克逊一方面担心失去这家一流供应商，自己要承担后果；另一方面他又担心领导和同事认为他出了高价。永远不能低估来自组织的压力。谈判者不仅得让坐在谈判桌对面的对手满意，还要满足不在场的利益相关者，比如杰克逊的财务总监或者莱斯莉的领导们。在制定谈判策略时，他们会考虑谁可能对对方产生影响力，然后准备谈判要点，这些最终将成为双方达成的协议内容。这个时候，我们就来到了故事的最后一幕。

莱斯莉：您说多少钱？

杰克逊：只要比你们一开始的报价好一点就行。

莱斯莉：我说，您能不能给我个大概数字？行了，杰克逊，我是真想帮你们，但是您也得帮帮我呀。不是只有您一个人背后有人在管着。

杰克逊：嗯……好吧。我考虑的是 31 万美元左右。

莱斯莉：31 万美元？那您来错地方了。如果您能拿到这个价钱，那您厉害，但肯定会出问题，到那个时候就没有人会记得您最初买的时候省了多少钱了，他们只会说您办砸了事情。

杰克逊：好吧，可你还是得给我点什么吧，不然有人要冲我大叫了，责备我像免费赠送。如果 31 万美元不行，多少可以？

莱斯莉：有没有地方我可以打个电话？

杰克逊：当然有，有个会议室现在没人，在左手第二间。

尽管莱斯莉准备成交了，但她还是理智地请求暂停。她并不是真要打电话，她手里有 10% 折扣的决定权，但她觉得用不到 10%。她感觉自己占了上风。尽管如此，创造性谈判者是不会鲁莽行事的，即使交易看起来已经达成。明智之举是退后一步，比如请求组织内部进行短暂的决议，或者去一趟洗手间休息一下，只要可以用来放慢谈判节奏，自己就能运用有意识反思性系统慎重地决策。多出的一点点时间，可能让自己确认行动正确，也可能告诉自己需要调整。此时或许还能冒出新想法。这一切都是为了寻找最大的谈判空间以便把控全局。

总体来说，很多地方莱斯莉都做得很对。但她的表现也不是无懈可击。完整的价值主张包含 3 个组成部分：梳理价值，通过例证陈述己方的价值，最后一步是量化价值。莱斯莉从未详细列举过长达一天的网络故障可能会让国际分销集团损失多少钱，比如说 3 万美元，并且她还能找到数据支持，但这能缓和杰克逊对莱斯莉报价的反对态度吗？

至于杰克逊，他显然失策于准备不充分。在莱斯莉胸有成竹地回击他的压价战术时，他毫无招架之力。当杰克逊对她说出自己的预期是 "31 万美元左右" 时，莱斯莉直接反驳了他价格的合理性。她表明，高性能系统公司无法与低价的投标公司相提并论，这不是拿苹果和橘子相比，而是拿苹果和雨伞相比。最终，买家不得不承认服务器网络不是商品，不能随意压价。

　　然而，建立价值主张并不是单向的。杰克逊错过了建立自己价值主张的机会。他所在的公司在行业中有很高声望，有及时付款的良好信誉，同时作为一家超大规模集团的子公司，能够影响母公司在全球范围内的其他子公司。杰克逊本可以利用这些来建立价值主张。强大的内部推荐机会对高性能系统公司来说得有多么大的价值？面对未来业务的诱惑，莱斯莉很可能会做出更大让步。

　　杰克逊和莱斯莉能否达成交易？似乎很有希望。杰克逊没有告诉莱斯莉，他已经做好支付 34 万美元的准备了。而莱斯莉已经获得授权可以降价到 32.4 万美元，他们的价格有一个 1.6 万美元可达成协议的空间。双方需要继续角逐，最后决定把价格落在重叠区域的哪个位置上。但事实上，他们从一开始价格相距甚远，到最后找到一个可以讨价还价的区间，这都要归功于对创造性谈判技巧的运用。

创造性谈判指南

- 压力是相对的，当你面对压力时，深吸一口气，提醒自己：对方也有压力。
- 压价是买家测试卖家灵活度的经典技巧。卖家需要争取扩大交易范围以及展示自己为交易带来的价值。
- 在做出第一次让步之前，利用搜集数据信息的技能去挖掘对方需求。
- 创造性谈判者需要使用量化数据来说服对方。
- 创造性谈判者会寻找双方的共同利益，争取达成对自己更有利的交易价格。

Creative Conflict

如何用创造性谈判
扩大共同利益

Creative

Conflict

第 8 章

创造价值模式中的
互惠互利

只有勇于说"不"，
才能让谈判过程充满活力。

Creative
Conflict

罗恩在一家中等规模的连锁零售店从事采购工作，这家连锁店的竞争对手是那些消费电子行业巨头。像很多年前，沃尔玛就与其亚洲供应商就收音机闹钟以保密的价格完成独家交易，而收音机闹钟是罗恩负责采购的一项关键品类，如此一来，他立刻被排除在市场外并遭遇亏损。很快，沃尔玛就主宰了这一品类的市场。罗恩的公司面临倒闭的境况。

不过罗恩有丰富的供应资源。他找到了中国台湾一家制造商，它能以更优价格供货。可惜的是，他们的报价仍然比罗恩的预期高出 20%，无法与沃尔玛的价格竞争。双方都绞尽脑汁，寻找压缩成本的方法：修改规格要求？包装的成本再降低点儿？优化运输方式和物流？最后，制造商说："您看，如果再降，我就没利润了。"因为罗恩要的价格比制造商的生产成本还低。

"我当时觉得已经走投无路了，"罗恩对我们说，"我就是想不出任何办法来达成这笔交易。"但随后他又仔细琢磨了一番，当双方采用不同谈判模式时，谈判的进程和结果将会发生怎样的变化。在讨价还价模式下，人们的问题是：我要怎样才能让对方到达底线？**在创造价值模式下，人们**

的思路从战术型转向战略型：有什么东西是对方需要，却可能没有考虑到的？我可以通过在交易中开辟新的可能性来满足他们的需求吗？

于是罗恩把价格的问题暂放一边，开始像谈判者一样思考问题。他留意到当时正值夏天，这家台湾工厂的厂房里静悄悄的。在问了这家制造商几个复杂的问题后，他提了个很简单的问题："你们工厂的生产周期是多久？"

制造商回答说："夏天的时候生意非常冷清，我们不得不关掉 3 条装配线中的一条，解雇 25% 的员工，然后在秋天重新招聘。"罗恩说："重新招聘的时候你们有经验的员工会回来吗？""有回，有不回的。在那些最优秀的员工中，可能有 20% 找到了其他工作。"这意味着每年 9 月都要重新招聘，对新员工进行培训，重新启动休眠的装配生产线，这就增加了额外开支。即使如此，新员工的工作效率也不如那些有经验的员工。总体来说，每年的过渡成本高达数十万美元。

罗恩从这里看到了希望。"如果你们全部在淡季生产我们的订单，然后由我们负责库存，怎么样？如果能留住你们的优秀员工，为你们省掉的费用会不会超过给我们的 20% 的折扣？"

当然会！因为罗恩的公司有充足的仓储容量，可以毫无压力地每年一次性接收大批量交货。最重要的是，罗恩拿到了可以应对市场竞争的采购价格。与此同时，这家供应商也找到了一种方法，令其所有生产线保持全年正常运转。即使在收音机闹钟上产生单位损失，这个方案依然可以获利。

罗恩提出的方案超出了高阶的讨价还价模式的范畴。他的做法不只以单向让步为目标，他的制造商也不再仅是剔除报价中的水分来降价。双方各让了一步，以扩大交易范围并寻找共同合作的机会。他们找到在谈判桌上没有的新的可能性，创造了一个以前不存在的可达成协议的空间。尽管最终的价格仍是那个一度让双方陷入僵局的数字，但其含义已经发生改变，双方最终创造的总价值，其实超过了各部分的价值之和。

同样重要的是，他们建立起了一段意想不到的合作关系，双方的互动与交流变得更轻松、更有建设性了。正如卡尼曼指出的那样："围绕一块缩小的蛋糕进行谈判特别困难，因为这需要分配各自的损失；而就扩大的蛋糕进行谈判时，人们往往表现得更随和些。"

一定程度上，罗恩的故事反映出创造性谈判有扭转局面的潜力。

创造新的商机

爱因斯坦曾经说过："任何困难的问题都不可能在它自身的层面上解决，它必须以更复杂的方式来看待。"我们何时会被迫为了打破局面的限制而采用创造性交易方案？答案是在讨价还价模式已达极限时。如果通过一直敲打卖家不断压价，买家只能止步于此。如果双方之间仍然存在差距，卖家不能或不愿继续让步，传统的压价技巧只会留给对方两种选择：要么做出巨大让步，要么放弃交易。任一选择都必会令人不快。

擅于运用创造价值模式的人不会那么容易陷入此种困境。在各种计策都不奏效时，他们会采取更具战略性的战术：界定己方需求，创造新的商业机会。但仅凭一己之力行不通时，要想走上第三条路，双方就必须采取合作的态度，重新考虑协议内容。他们需要站到"内部边缘人"的位置，更深刻地去理解对方最看重什么。他们不仅仅聆听对方的诉求，还要急人之急、忧人之忧。

人类天生就是价值的创造者。当人们坐到谈判桌的同一边时，看待问题也会从相似的角度出发，双方焦点开始从争论转向共同解决问题，从令双方产生分歧的问题转向可能令双方团结起来的那些问题。以促成交易为核心的谈判模式，具备以下几个优势：

- 提出更多问题以便双方讨论，扩大谈判空间，创造更多的回旋余地。
- 缩小双方视角的差距，柔化分歧的调性，弱化紧张的气氛。
- 跳出谈判的固有思维模式，谈判者为双方交易打开创造新价值的可能性。

讨价还价模式是由对抗性竞争和相互冲突的立场导致的，而创造价值模式着眼双方的利益以及如何将二者结合在一起。对方更深层次的需求究竟是什么，甚至包括他们可能都不知道的需求？自己有什么来满足他们或者他们有什么可以满足自己？在这一系列的资产和需求梳理中，要怎样权衡取舍但又互利互补，要怎样才能让人们一跃跨入共同追求更远大目标的阶段？当今时代，制造出的产品和服务中存在如此多的、不断变化的因素，创造价值模式的潜在价值已呈指数级增长。但我们要在此重申：若要发掘这些机会，你就需要拥有双向的视角，以及发挥创新思维的自由精神。

创造价值模式如同一把双刃剑，竞争与合作这两面同等重要。虽然保持平衡做起来很困难，但回报可能是巨大的。人们不再满足于递增的收益，而是希望超越竞争对手并在市场上掀起风浪，希望实现互惠互利的协同效应，使合作双方都跃升成为各自领域的权威。在当今变幻莫测的经济环境中，企业若想生存，需要的不仅仅是精明务实的讨价还价者，赢得几个百分点固然必要，但并不足以达成一个好交易，创造性谈判者在市场上前所未有地具有竞争力。

让我们来分析一个案例，这是两个家喻户晓的企业合作找出一个创造性解决方案的案例，从此改变了全世界商务旅行者的旅行体验。

扩大交易范围

1996 年，美国联合航空公司（以下简称美联航）从一项乘客调研活动中得出了一个结论：飞机上提供的咖啡太难喝了。这项调研引起了一位星巴克销售主管的注意。星巴克当时仍是一家中等规模的公司，拥有共600 家门店，但还没开展国际业务。为了提升形象，星巴克邀请美联航去做一件航空公司从未做过的事情：在 1 万多米的高空向乘客提供品质一流的咖啡。当时美联航渴望改善客户服务，与达美航空（Delta Airlines）和美国航空（American Airlines）区别开来，建立品牌优势。于是，双方开始谈判。

对星巴克而言，这笔交易有巨大的上行优势。当时美联航每日的航班量有 2 200 架次，是美国欧洲航线及亚洲航线里最大的航空公司。当时美联航四分之一的乘客喝咖啡，这意味着每年有 2 000 万的潜在客户。

当时星巴克还是一家年轻的、尚未经市场考验的公司，对于一家生死存亡完全依赖质量控制的公司而言，这个项目也存在下行风险。饮用水的味道因城市而异，机上咖啡冲泡设备的性能也可能不稳定。另外，很容易想象出乘务员们在机舱内来回奔波的画面，很可能咖啡泡好20多分钟后，他们还不能及时回来，而这是星巴克门店严格规定的极限时间。如果乘客们对星巴克咖啡的第一印象很糟糕，效果岂不是适得其反？

然后是咖啡定价问题。星巴克的价格通常是X品牌的两倍多，而美联航希望星巴克能给他们个好价格，"非常"好的价格。当星巴克提交报价后，美联航立刻否决了，如果他们要支付那么多钱，那将会毁掉整个成本结构！他们向星巴克透露了咖啡预算，而那个数字会让星巴克的每一杯咖啡都赔钱。

大多数情况下，谈判便就此破裂，双方都称："好主意，都尽力了，但是差距太大了。"如果双方相去甚远，无法合理分摊差价，价格谈判就会碰壁，交易便搁浅。但是，创造性谈判者不会轻易后退。美联航的高管们不停地自问：星巴克涉及哪些更广泛层面的利益？他们真正需要的是什么？

美联航打破了僵局，他们提出了一个巧妙的折中方案。他们提议，首先，星巴克将其金额不高的广告预算，拿出一半来帮助弥补机上咖啡的降价空间。作为回报，美联航将在全国范围内的印刷媒体、广播和电视广告中高姿态展示这一来自西雅图的品牌，这是当时的星巴克做梦都不敢想、根本无力支付的曝光机会。其次，也是对这个方案的达成更具决定性作用的一次提议，那就是所有美联航航班的每一辆饮料推车上都会贴上星巴克的贴纸，堆满印有星巴克品牌标志的杯子。

双方的交易范围发生了改变。美联航替代方案中提到的内容扩大了交易价值这块蛋糕。像罗恩的收音机闹钟制造商一样，星巴克亏本卖出每一个单位产品，却仍然能获利。如果他们全力以赴，结果却失败了怎么办？但如果能接触到数百万的潜在新客户，这个方案也值得一试。

这个交易前所未有地激励了星巴克，他们为美联航的乘务员开设了一个冲泡优质咖啡的培训课程，还制订了一项新的质量保证计划，为每壶咖啡设定了最佳"剂量"和研磨标准。在严格测试了航空公司的咖啡冲泡设备后，他们说服美联航采用一款昂贵的不锈钢部件，不再用廉价的替换部件。根据星巴克首席营销官的说法，星巴克的目标是扩大品牌潜力，"同时维护企业诚信，保持企业灵魂完整"。企业内部还推出了一个数字化制造系统，将效率提升了 30%，这样他们更易消化给美联航的折扣。那时，此项交易已经为双方带来比最初的预期更具变革性的成果。

在那次决定性的乘客调研后不到一年，美联航推出一项新的联合广告活动，就是在几大著名刊物封底发布印刷广告，比如《商业周刊》（*Business Week*）、《时代周刊》（*Time*）和《美国新闻与世界报道》（*U. S. News & World Report*）等，广告画面是一只带有星巴克标志的塑料杯，配上一句宣传语："我们将赋机上咖啡以美名。"页面底部是："美联航全球范围内所有航班都开始提供星巴克咖啡。"

在广告发布后的 3 个月内，71% 的美联航乘客对星巴克咖啡的评价为"良好"或"优秀"，14% 的乘客说这是他们首次品尝星巴克的咖啡。当时美联航董事长兼 CEO 格伦·蒂尔顿（Glenn Tilton）称赞这家咖啡公司帮助美联航将客户满意度提升到了"历史最高水平"。

在两家公司联手合作 4 年后，星巴克拥有了 3 000 多家门店，跃升为标准普尔 500 指数[①] 覆盖的企业。他们的业务渗透到了东京、北京、首尔和中国香港地区这些美联航服务的市场，而这些城市的传统饮料是茶。当下，东亚和东南亚地区仍是星巴克增长最快的市场，在 2018 年，星巴克平均每 15 小时在中国开设一家新店。截至 2021 年，上海成为全球星巴克门店数最多的城市。

除此以外，星巴克的成功发展史，还要归功于其卓越的品牌定位，持续的市场品类领先地位，以及与巴诺书店（Barnes and Noble）、百事可乐、布雷耶冰激凌（Breyer's Ice Cream）、卡夫（Kraft）和苹果良好的战略合作伙伴关系。但这家公司早期与美联航的成功合作表明，即使只是进行简单的创造性谈判，也可以带来非常久远的影响。

在第 5 章，我们在小组学习时为与会人员安排过买 / 卖手工制比萨烤炉的练习环节。我们向两组人员都提供了项目简报，用以在双方进行利益交换时提供指导。他们可以考虑实施联合营销计划来充分利用烤炉的品牌价值，邀请烤炉制造商的兄弟——一位意大利早餐面包烘焙大师进行现场烘焙教学。卖家可以毫不犹豫地提供延长保修期服务，因为他们的产品经久耐用。买家承诺在当地开设连锁店时，可以再来购买更多烤箱。

然而，十有八九，谈判者仍然会陷在零和博弈的讨价还价之中，那些创造增值，也就是创造潜在财富的机会却无人问津，像是一篇欧·亨利的短篇小说。尽管双方都拥有对对方而言很有价值的东西，但他们的相互猜疑扼杀了提出更具创造性的解决方案的机会。

---

① 标准普尔 500 指数是记录美国 500 家上市公司的一个股票指数，这个指数由标准普尔公司创造并负责维护。——编者注

为什么人们如此不情愿联手合作，以达成更优质的交易？首先，建立同理心非常困难。这种创造性的交易方式，使谈判变得复杂，需要消耗大量的时间和精力，而时间和精力恰恰是商业活动中最为重要的两件商品。此外，也无法保证最终能成功。如果觉得谈判是件苦差事，人们肯定想快进快出，这个过程越简单越好。

其次，这与人们的心智模型有关。一旦出现分歧，人们的无意识系统会立刻聚焦冲突，体内产生或战或退的应激反应的化学物质就开始起作用。人们建起防御墙，在被称作"舒适区"的某个位置隐蔽下来。被别人看透会令人们感觉受到伤害，于是便钻进了硬壳中。人们丧失了解决自己深层次需求的能力，也丧失了告知对方如何满足这些需求的能力，更不用谈如何尽力为对手提供帮助了。人们的恐惧，既令讨价还价的过程极为不快，也破坏了人们的创造力，而创造力恰恰是人们为了让谈判过程不再那么费力所需的能力。人们陷入了单边竞争，走进了一条单向的通往对抗的死胡同。

安东提出，我们基于心智模型的日常活动是"小圈子"，而我们有待开发的潜能是更为巨大的"大圈子"：**竞争是一个出现在两个人或两个团体之间的活动过程，以小圈子的形式运作，存在竞争关系的双方都试图从对方那里获得好处，而追求卓越则是缩小大小圈子之间差距的过程。**具有讽刺意味的是，追求卓越的个人和组织往往比其他人更具竞争优势。

但是，竞争一直存在，如何进入那些更大的圈子呢？换句话说：人们怎样才能进行创造性谈判？

保持警惕地信任对方

世界一流的谈判专家斯图尔特·戴蒙德（Stuart Diamond）在一项谈判研究的元分析（meta-analysis）[1] 中发现：双方协议的实质性内容很少，只占协议达成基础的 8%。协议的约 33% 与谈判的过程相关：议程设定、数据信息搜集和双方达成协议的决心。那么，达成协议的最主要推动力是什么？是靠双方彼此间的吸引力。谈判成败的决定因素是人们有多喜欢和信任坐在对面的那个人。

谈判中人们感到忧虑，一方面是因为人们不得不去领会或揣测对方关于报价的潜台词。假设我是买家，我对你说："这是我的全部预算，所以你得帮帮我。"在创造价值模式中，这是一种常用的技巧，双方合作用以扩大交易范围。另一方面是因为，这也可能是出于人们投机取巧的动机，为打击对方的报价，测试对方的灵活度。我说预算有限，可能是一个讨价还价的花招，一个迫使你亮出底牌、逼近底线的小伎俩。

在传统的谈判中，人们遵循一条由来已久的规则：切勿信他。毕竟，在商业活动中，人们很难确定谁值得信任。陌生的对方本就是未知数。即使人们认识对方，他们的意图也会让人困惑，甚至连他们自己也不清楚。正因无法确定对方是不是虚张声势或隐瞒事实，甚至欺骗，按照人们接受的教育，最安全的做法是认定对方一直企图在谈判中拿下自己。

尽管这种保持防备心的观点听起来可能务实且精明，但最多只是对现

---

[1] 元分析，通过对相关文献中的统计指标，利用相应的统计公式进行再一次分析，从而根据其统计显著性来分析两个变量间的真实关系。——编者注

实的歪曲。可以肯定的是，尽管掠夺者确实存在，他们为了获取最大利益可以不择手段，但这些人只占少数。大多数人并非如此。怀着"切勿信他"的心态去接近所有人，会对人们争取长期利益带来损害。一位非常能干的企业家曾经对我们说："我一生中只有几个人值得我信任，事实上，我不相信任何人。"尽管他有远大目标、工作勤奋，但他的生意停滞不前。疑心重，令他步履蹒跚，这反过来又让别人对他充满疑虑，过于谨慎的为人处事方式最终阻止了他前进的步伐。

同时，创造性谈判者也不会鲁莽行事，他们不会随便张开双臂欢迎陌生人进入自己的领地。但他们将"切勿信他"的态度换成一个稍微平衡些的立场：保持警惕。他们在做好自我防护的同时也在寻找机会，准备达成更大、更好的交易。他们愿意多分享一些信息，也敢冒一定的风险。他们不会预判对方，而是对其行为进行分析，然后做出相应的反应。他们有些人略微谨慎，也有些人更强势。只要人们眼观六路、耳听八方，就能保护自己的利益。

当人们创造附加价值时，谈判中的对抗形势也逐渐减弱，此时人们很自然会认为，对方也将公平地分享回报。但是，一定不要放松警惕。无论此前双方多么友好，创造价值模式都取决于互惠互利以及相互匹配，而不是一方无条件地付出。与所有其他立场一样，信任必须通过不断地协商才能最终建立。

把握接受与拒绝的时机

在社会文化里，人们很不喜欢被否定或拒绝。一旦被否定或拒绝，就会像孩子一样痛苦，也总是会被别人的言语刺痛，这是社会规范在起作用。人们讨厌听到"不"，也讨厌说"不"让别人失望。而"是"，可以消除由分歧带来的焦虑。这就是费希尔和尤里的经典著作《谈判力》能够让很多人产生共鸣的原因之一，哪怕常常出于错误的原因。

在谈判桌上，如果人们把握了灵活度，能够满足对方的要求，那么说"是"将是世界上最容易的事情。但这里有一个让人困扰的现实：说"不"才是谈判的本质。没有什么比在时机不成熟的时候说"是"更能扼杀交易的潜力。正如卡拉斯培训机构的资深培训师克莱曼所说："瞧，别着急同意我的观点。现在还为时过早。我还没说完呢！"说"是"，便结束了谈判过程；而说"不"，会让谈判过程一直保持活力，去寻找未发掘的己方资产和未表达的对方需求。这将迫使双方投入更多的时间一起努力，从而加深他们之间的关系。在创造价值模式中，说"不"才是最难的工作。

从某种意义上说，谈判的艺术在于向对方说"不"后，还能保持双方对话持续进行。根据客观条件和谈判气氛，有很多方法可以既表达了自己的观点，又不令对方反感。人们可以姿态夸张点，除此之外，佯作退缩一下。人们可以带着探索更多数据信息的精神说："不行，但是……"只有在极端情况下，说"不"才意味着"结束"。更多的时候，它意味着"还不行""不完全行"，或者只是"再多说点"。敢于说"不"，不只是一次，而是一次又一次地拒绝、否定，会让人们在最终说"是"的时候更加自信，也更加令人信服，人们将避免出现那种表面上很成功、其实存在很多遗憾的结果。

人们追求的，是罗尔描述的"平衡玻璃中的小气泡，在不同位置之间，在'是'和'不'之间……并在必要的、有创造张力的环境中把握这些观点"。气泡指的是一个不确定但有巨大潜力的领域，是我们真正开始像谈判者一样思考的领域。

"是"和"不"是谈判中的"阴"与"阳",是联系紧密的对立两极。它们是推动创造性谈判的冲突源代码。正如尤里自己逐渐认识到的:"缺少了'不'的'是',为绥靖;而缺少了'是'的'不',为战争。"这里补充一句:"不",是创造价值模式的开端。

超越双赢

1980 年,IBM 是当时世界上市值最大的公司,在大型计算机市场占据主导地位,是全球科技巨头。那时,个人电脑的发展刚刚起步,IBM 进入这一快车道后快速发展。后来 IBM 与西雅图的一家年轻的私人软件企业签订了合同,为其创建一个新的操作系统。为了避免反垄断诉讼,IBM 起草了一份非排他性协议,这家西雅图企业仍将拥有其开发的软件,还获许将这一系统授权给其他制造商使用。毕竟,谁能与这个蓝色巨人竞争呢?另外,IBM 拿到了非常好的价格:这套系统只花了他们 4.5 万美元。

1981 年,最先进的 IBM 个人电脑问世,席卷了科技界。到了 1985 年,它已成为市场领导者。IBM 大喜过望。那家西雅图软件企业也如此,他们忙着将其磁盘操作系统(Disk Operation System, DOS)卖给那些效仿企业,并将个人电脑用作启动平台开发更复杂的程序。这是一个经典的双赢模式。

时光飞速来到 20 世纪 90 年代中期,此时的 IBM 正在艰难中挣扎。随着个人电脑和客户端服务器市场的爆炸性增长,大型计算机看起来就像小行星撞击地球后罕见幸存的恐龙。与此同时，IBM 个人电脑已经被更为便宜的康柏和戴尔所取代。到了 1998 年，那家位于美国偏远角落的默默无闻的软件公司已经上市，全面壮大，市值是 IBM 的两倍，而这家公司就是微软。截至 2021 年 1 月，微软是全球第二大公司，仅次于苹果，市值超过 1.6 万亿美元，是昔日的蓝色巨人的近 15 倍。回到 1980 年，一份协议开启了巨变前进的车轮。那协议真的是双赢，还是一赢一输，抑或是介于两者之间？

如今已成为标志性理念的双赢思想，源自费希尔和尤里在《谈判力》中描述的原则式谈判的概念。这个概念是个巨大的进步，它描绘出一种更灵活、更具战略性的交易方式。但这么多年以来，双赢既成为一个大众词语，也成为谈判桌上一道寡淡无味的菜汤，影响力被逐渐削弱，仿佛人们在美国幽默大师加里森·凯勒（Garrison Keillor）的乌比冈湖小镇进行谈判："那里的女人都很强壮，男人都长得不错，小孩的生长发育水平都在平均线之上。"[①] 每当双方做出快速而肮脏的妥协时，通常是通过平分差异，他们在离开谈判桌时，都会主观上对交易感到满意。他们觉得自己是赢家，因为他们超越了自己的低期望值。或者，他们可能对即将到来的僵局感到恐慌，所以对任何谈判结果都表示满意。无论哪种方式，双赢都成为廉价解决方案和让步的委婉说法。

在我们的比萨烤炉买卖练习中，此时要价是 9.5 万美元，有 25% 的谈判小组以 9 万～9.4 万美元中的某金额达成交易。对于买家来说，这是个不太热门的交易选项，因为卖家的底线是 7 万美元左右，这是卖家用

[①] 加里森·凯勒的乌比冈湖：这里指的是乌比冈湖效应，指人高估自己，觉得什么都高于平均水平的心理倾向。乌比冈湖是凯勒杜撰出来的小镇。——译者注

以偿还银行贷款、避免被迫清算所需的金额。有 50% 的谈判小组以 8.5 万～ 9 万美元中的某金额达成协议，我们称作平均水平。其余 25% 的成交额落在 7.6 万～ 8.5 万美元，这对买家而言是一笔很出色的交易。

我们让表现最好的 25% 的买家对他们的满意度进行评分，他们都很满意，可能如人们所料，按 1 ～ 10 分来打分，他们的自我满意度得分大约为 9 分。接着我们调查表现最差的那群人，他们已经知道其他买家的报价，也知道卖家可以接受的价格到底有多低。他们的自我满意度得分是多少？结果非常高，有 8.5 分。客观地看，他们被误导达成一个不平等的交易，但结果显示他们仍觉得自己是赢家。他们的领导一定要对这笔交易产生怀疑了。一个客户公司告诉我们："我们的战略合作伙伴所要的'双赢'，是他们要赢双份，而让我们自认倒霉。"

在我们看来，双赢的理念有两方面弊端。首先，它消除了谈判者成功而需避开的摩擦。创造价值模式不是一个让人们觉得温暖、听起来却含混不清的康巴亚大合唱（kumbaya chorus）①。即使人们成功地创造了附加价值，谈判过程也不能就此打住，仍需要量化所创造的价值，仍需要决定双方如何分配，这些互惠互利的利益交换仍需落实成合同上的定价。即使在创造性谈判中，双方的竞争依然鲜明地存在，出现一方受益，另一方受损的结果。只要有竞争，人们都很清楚，就会有输赢。

这是否意味着，双方时不时地会回到讨价还价模式？是的，但要附加些情况说明。如果谈判过程以真挚的方式开展，那么双方将建立起比以往

---

① 康巴亚大合唱，是非裔美国人的一首传统圣歌，字面意思为"到这里来吧"，是美国流行的夏令营孩子们的必唱曲目。——译者注

更为牢固的关系，两者相互影响的方式也会不同于以价值分割为主的狭隘的价格战。公开地表达分歧，这种冲突产生的能量会引领双方从更高的层次去解决问题，而不是退化为愤怒地去做无谓争论。因为无论存在多么尖锐的分歧，双方不仅仅是在分配一块更大的蛋糕，而是在街角杂货店用玉米淀粉和防腐剂制成的特价品和自己祖母手工制作的满怀爱心的拿手菜之间做选择。双方都更愿意选择后者。

其次，双赢的第二个致命弱点是什么？请认真想一想，在签订合同之前，人们根本不可能知道谁是赢家。交易是基于对市场的估测进行的，但很难说市场应该是什么状况。当下达成的协议，在第二个月或第二年执行时的市场行情又会不完全相同。大多数精于计算的人是基于概率做决定的，他们的判断依赖于双方各自的预期和未来商业前景，以及宏观经济环境中的变化。因此考虑到所有变数，判断交易是否真正公平其实非常困难。

我们并不是说 IBM 是那笔操作系统交易中的输家。个人电脑的 DOS 系统很好地满足了它的需求，至少短期内如此。但随着时间的推移，很明显，这并不是一次机会均等的双赢交易，最多是场小赢与大赢的交易：微软在所创造的市场价值中占据了更大份额。多亏了 Windows 10 这个 DOS 系统的"曾曾孙"——一棵表现卓越的摇钱树，微软至今仍在收获那一份大额利益的红利。

然而，如果输赢只是一种猜测，并且公平与否本身也很主观，那么对于创造价值模式而言，有什么是人们可以确定无疑的？只有一点可以确定：双赢理念不符合人们的标准。人们觉得温和地妥协不够，对固执己见的讨价还价也不满意。如果不越过零和谈判，探索更具创造性的解决方案，那么结果往往是"双输"。比如，我们认为在比萨烤炉买卖练习中，大多数小组的做法都正说明了这一结果。

人们相信可以达成一个更好的交易，这不仅仅是一个更好的感受，而是达成一个为双方增加客观价值的交易。一旦人们能想到这一点，就可以采取战略行动，追逐合理的那一份利益……或者还能拿得多一点。

在第9章，我们将介绍如何实现达成创造价值模式的目标（见图8-1）。

价值梳理　　　　　　　　　　　　　　繁复的合作过程

图 8-1　创造价值模式的合作过程

Creative
Conflict

创造性谈判指南

- 在创造价值模式中，双方找出互惠互利的可交换利益，可以扩大交易范围，打造出未被发掘的协议空间。

- 创造价值谈判者采取愿意信任对方的态度，但也时刻保持警惕。

- 谈判中最不可或缺的动作是说"不"。这不是为了叫停谈判，而是为了让谈判继续下去，以寻求更具创造性的结果。

- 双赢是个神话，相信双赢的人忽视了一个现实，即使是一项对双方都有利的交易，双方仍会争夺附加价值中更大的份额。

Creative
Conflict

●

第 9 章

创造价值模式的
策略和技巧

在谈判中打动对方的最佳方式，
是把对方视为社会人，
而非经济人。

Creative
Conflict

美国全国广播公司（National Broadcasting Company, NBC）曾经一度经营处境艰难。在 1998 年，NBC 失去了职业橄榄球赛的转播权，这令他们的财政出现赤字，他们发誓不再与任何体育赛事签约，之后就一直持观望态度。NBC 体育频道董事长迪克·埃伯索尔（Dick Ebersol）说："我们做出了一个冷静而审慎的决定。我们无法容忍再出现损失。"

这个决定帮助公司在财务上止损，却带来了不良影响。早在 1939 年，NBC 开创了首次电视转播职业橄榄球大联盟（National Football League, NFL）比赛的先河，还转播了首届超级碗（Super Bowl）①。1998 年，曾经的王者广播公司失去了一个可以用来推广秋季新节目的重要电视频道。在 NBC 选择退出的 7 年后，NFL 推出一个新节目《星期日橄榄球之夜》（Sunday Night Football），要求一次性签约 6 年。当时 NBC 的收视率正逐渐下滑，因此迫切希望再次获得这项体育节目的转播权。可问题在于，大联盟报了个天价：6 年打包价共计 36 亿美元，也就是每年 6 亿美元，这比 NBC 预计的广告收入高出约 1.5 亿美元。价格差距实在太大，双方无

---

① 超级碗，是指美国职业橄榄球大联盟的年度冠军赛。——译者注

法在谈判中通过讨价还价模式来弥合，也想不出有什么办法能分摊差额、折中妥协。局势看起来很糟糕。

NBC 的母公司是通用电气。就在这时，埃伯索尔和 NBC 环球电视集团总裁杰夫·朱克（Jeff Zucker）启动谈判者思维。二人一起复盘 NBC 与国际奥林匹克委员会达成协议的方式，然后建立模型，就如何扩大交易范围进行头脑风暴。他们讨论了哪里可以产生更多价值，通用电气有哪些产品可能是比赛需要的。

事实证明，在比赛中，有很多地方用到通用电气的产品和服务。通用电气新的安全服务部门可以在比赛日为体育场提供服务；通用电气医疗产品公司可以提供现场医疗卫生技术；通用电气金融公司可以增加对联盟新体育场馆建设的投资，扩大在其建设贷款中的股份。然后还有高达数千瓦的灯泡，将完美呈现那激动人心的夜间赛事盛况。总的加起来，非电视业务可以增加 5 亿美元的销售额，足以弥补广告收入的不足并且收获可观的利润。通用电气 CEO 杰夫·伊梅尔特（Jeff Immelt）批准了这笔交易。

"这就是业务创新，"朱克在签署合同后表示，"这是一种创造性谈判模式。"从讨价还价模式转向创造价值模式，通用电气和 NFL 找到了一种全新的方式来匹配资产和需求。这项变革性的协议从此改变了联盟重大赛事转播权谈判的格局。谁是这笔交易的赢家，人们无从得知，因为那是个分配的问题，而且是一个复杂的分配问题。但人们已知的是：双方找到了一个无可争议的、对双方都有利的解决方案。

每当谈判双方对分歧争执不下时，他们就会来到谈判的岔路口。第一条路又直又窄，将他们带到遍布让步和妥协的地方，双方最终都得不到想要的结果。而第二条路更曲折、更难以捉摸，将他们带到那片双方所得多于所求的土地。**这就是讨价还价模式和创造价值模式之间的区别：谈判由一场竞赛转变为一项共同使命。**人们该如何重建这笔交易的结构，实现双方共同利益？

由于人们从竞争转向合作，讨价还价的 5 种基本策略也因此发生了变化：

- **构建影响力杠杆。**从单纯的后果影响力转变为既有后果影响力、又有积极的影响力，比如，从害怕对方不降价、不向对方妥协的后果转变为激励对方进行合作以从交易中获得更多利益。
- **搜集有价值的数据信息。**从尽力利用对方弱点转变为双方开展对话，发现交易中的隐而未现的那些内容，这些内容常常不包含在招标书中。双方互通信息，推动双方更好地了解各自的资产和需求。
- **为交易设定目标。**从数字游戏演变为设定更广泛的、与对方价值一致的目标。例如，我们有个客户是一家大型消费电子产品供应商，他们的目标是价格上涨 7%。然后他们意识到，可以通过将价格上涨幅度降低到 5% 来获得更好的交易。作为回报，零售商同意增加库存量，增大货架空间，增加产品陈列，并在广告中循环交叉推广其旗舰产品。
- **适当让步。**从寻求单方面的让步转变为针对具有可比性的主观价值的相互让步和交换，也就是平等的互惠利益。虽然创造性谈判者比讨价还价者在让步范围上拥有更高自由度，但他们仍要努力令对方满足己方意愿，只是提升了对方的满意度而已。
- **发现不易察觉的问题。**从削减成本转移到梳理价值，双方共同确定如何竭力合作以增加价值和扩大交易。

梳理价值是重中之重

在创造价值模式里，根据重要性不同，策略顺序也不同。**在讨价还价模式里构建影响力杠杆最重要，而创造价值模式的万能密码是梳理价值。**相比价格，价值本质上是主观的，它受各方所处环境的影响。在美联航／星巴克以及 NBC／NFL 的交易中，谈判者找到了改变价格含义的方法，同时又不需改变原始数据，他们实现了从总体拥有成本到总体业务机会的飞跃，其中包括未来开展更全面交易的可能性。他们突破常规业务范畴，发掘出可交换的互惠利益，创造出对双方都有利的新交易。

与 3D 显微镜一样，梳理价值能让人们以更敏锐的洞察力看待谈判。比如，你有哪些额外的或我能支付得起的资产，是我可能比你自己更看重的？我需要什么样的资产才能满足你的需求，甚至可能你自己都不知道的需求？这一切都关乎如何衡量双方供需的不对称及如何才能匹配。套用格兰特的话说，创造价值者像付出者那样采取有条件的、协商的方式进行供需匹配。人们正将具有挑战性的冲突转化为出色的成果。

在讨价还价模式中，人们都希望索要尽可能多的价值，如果对手弱小，那么很可能利益受损。但在创造价值模式中，如果对方老练、通情达理，就能找到额外的交易机会，这实际上对自己也有好处。在与不太有经验的对手打交道时，引导他们完成交易过程，也会对自己有利。销售员尤其不应该想当然地认为买家完全了解自己提供的产品。即使在价格问题上谈不拢，创造性谈判者也可以提高产品的主观价值。他们会生动地描述产品特征，帮买家加强理解这些产品可以带给他们的好处。顾问式卖家更进一步，他们不会认定自家产品是万能的，而是站在客户立场，分析他们的问题，最终为其提供定制化方案。

　　理论上说，梳理价值很简单。比如，一家办公用品零售商需要订购一批高端胡桃木桌椅。卖家提出将这些桌椅分别送到买家的门店。卖家用自己的卡车送货，卖家运送每套桌椅的运费仅有 5 美元，而买家每套节省 15 美元。作为交换，现金充裕的买家同意在交付时全额付款，这为卖家节省了每套 15 美元的资金成本。这种折中方案将交易的总价值扩大了每套 25 美元，也就是（15 美元 -5 美元）+15 美元。双方都获得了好处，而买家的好处看起来略大于卖家。或者买家支付些类似的附加费用，卖家可能同意在 10 天内而不是 3 个星期内交货；或者卖家可能同意免费提升售后服务，以换得买家内部其他业务的供应资格。这当中有无数种可能性。

打造满足双方的价值主张

　　在计划阶段进行价值梳理时，创造性谈判者通过 3 个阶段构建其价值主张：

- **梳理价值，将己方资产与对方需求进行联结，反之亦然。** 开始谈判时，列两份清单：第一份是你希望对方做出什么样的让步，第二份是你愿意放弃哪些来进行交换。

- **阐释价值，通过一些叙事手法展示我们能给对方提供怎样的帮助。** 最理想的方法是讲个有说服力的故事，而不是生硬的、像最后通牒一样的话语："这是我目前的建议，我觉得这是最正确的回答，不过我愿意听听其他意见。"

- **量化价值，估算相应的利益对双方有多少价值，使利益转化成更实际的价值。** 如果在数字上存在分歧，通常可以通过白纸分析法（clean-sheet analysis）或进行应有成本分析（should-cost analysis）来解决。

传统上，卖家会使用价值主张，但买家也可以使用。想想一个通情达理的买家可以带来的附加价值有哪些：预付现金、品牌价值和信誉、推荐给其他公司部门、更大的批量订单、业务增长和未来发展、可靠的付款方式、准时结款、低维护管理成本等。

我们在能源行业积累了很多经验，这个行业阶段性地呈现市场低迷情况。我们列举一个典型的场景：来自埃克森美孚或壳牌等石油企业巨头的生产经理，正在与加拿大地平线钻井公司（Horizon）或美国纳伯斯钻井公司（Nabors）的客户经理就钻机租赁事宜展开谈判。由于价格上的压力超出任何一方的能力范围，因此双方看不到明显的可达成协议的空间。买家的生产经理主动出击，要求降低价格："我们现在到处都有搁置项目。如果想与我们合作，你得至少降价 30%。"

卖家的客户经理回答："我确实没法答应，你的要求远远低于我的成本。降低 15% 是我的底线。"

我们认定双方都没有虚张声势或者玩弄伎俩。买家说："那么我们可能只能取消这个项目了。"他是认真的。

但是等一下！一旦双方意识到他们无法再挤出 5% 左右来达成协议，那么只有一个办法可以达到目的，并且能够安抚公司内的利益相关者：他们需要达成一种不同的协议。在这种情况下，买家可以说："我能接受15% 折扣的唯一办法，是你们使用最新的技术，将钻机升级。"

卖家回答说："如果你能预付一半的款项，那我可以做到。我需要你们 3 个月内付款，这样我们可以有些收益进账。"

买家回答说："我应该能做到，但是你们得保证派最优秀的员工负责这个项目。"

卖家说："这没问题！你知道吗？现在我在考虑，如果我们在部分事项上能分享一些收益，我或许能设法争取到更好的价格。"

在谈判结束时，双方已经制订出了一个全新协议，超出各自最初的目标。如果他们仍然继续讨价还价，那么双方很可能会陷入僵局，什么交易都达不成。

创造性谈判的挑战在于，人们要知道在每一笔交易中从哪里去巧妙地挖掘那些隐藏的固有价值。在高压的谈判环境中，这些价值很可能被忽视，所以明智之举是此时不要依赖临场发挥，但可以使用一个很重要的规划工具，那就是价值梳理清单。下面是个通用版本，可以从这里开始，但最好针对客户，为每笔交易创建一个定制的清单。如下所见，寻找潜在的互惠利益范围，唯一的限制因素就是双方的创造力了。

创造性
谈判技巧

价值梳理清单

- **付款条款。**如果一方有现成的资金渠道或者现金充裕，而另一方的现金流紧张，那么改变付款条款可以带来低成本、高价值的好处。可以考虑：较大的订单适当延长付款期限，减少或增加预付款额度，延长进度款付款的期限，延长谈判有效期、保留期以等待最终批准。
- **交货时间表。**一个固定的交货时间，可能一方觉得很重要，而另一方却并不在意。可以考虑：缩短生产周期，加快交付速度。

- **质保条款。** 如果卖家确信其产品性能符合要求，且故障率低，并且买家对这两方面要求都极为重视，那么质保条款可以说是具备很高价值的好处了。可以考虑：延长保修期并明确说明在指定时间内的包修或包换服务。

- **定制产品包装。** 通过定制产品包装来满足买家需求，便于货品即时装运送达终端用户。可以考虑：安排载货托盘运载不同品类的货物，同时简化包装、散装运输。

- **物流运输。** 一方或另一方的运输能力可能未得到充分利用。比如，卖家的卡车队处在半载状态，并且刚好可以经过买家仓库，或者其中一方能与第三方物流公司达成更有利的协议。可以考虑：批量运输，突破成本限制；运送到某个中心位置，而不是分散运送至多个分散的目的地。

- **订单大小。** 如果初始订单的成本是成本构成中的主要部分，而追加生产的成本相对较低，那么规模更大的订单将大幅降低单位成本。如果买家有富余的仓储空间，并且资金也充裕，那么增加库存就不会产生太大负担。不过，如果产品即将过时或销售状况不明，追加订单的风险也可能很大。

- **库存调整。** 买家能及时调整因订单延迟交付带来的影响，应对库存波动，经受住考验。其中的关键是卖家能否灵活地随之调整产量。可以考虑：产品寄售，即买家在货物售出时方向卖家付款；卖家管理库存，买家和卖家共享库存数据，然后卖家决定供货量。

- **时机。** 在一些季节性行业，比如圣诞节的时候会卖圣诞树，其运输和配送都是在一年中的特定时间段才进行的。因此，时机的选择，通常需要综合企业其他业务线来判断，取决于哪个时间段最适宜。比如，是否存在卖家的生产设施闲置的淡季？

- **产品规格要求的改变。**有些产品的规格可以进行适当调整，这样就能满足一方甚至双方的需求。在某些情况下，为了降低成本，可以在依然保证满足客户需求的条件下，适当地简化产品规格。在另一些情况下，可能需要进行产品升级，增加边际价格，向买家提供功能更强、可靠性更高或者更易于组装的产品。

- **协同合作。**在一次性合作或试点项目中，富有创造力的交易者通常采取合作的方式来降低成本，提高质量，以期开展全面成熟的合作。可以考虑：对产品设计进行调整及协同处理订购流程。

- **质量控制。**某些产品特征往往对买家至关重要，但对卖家 / 制造商而言是影响甚小的变量。卖家通常可以保证对此类问题的高质量控制与管理，而不会增加太多生产成本。可以考虑：允许买家来视察生产过程，同意接受不合格产品的退货。

- **资源转换。**买卖双方可以为彼此提供资源。假如现在有一份摩托车车架的订单。能否将一些其他工序，比如喷漆或热处理，也交给卖家来完成？或者反过来，买家这边是否可以负责一些额外的工作？有些生产原材料，买家能比卖家拿到更低的价格。

- **联合营销 / 广告。**与美联航 / 星巴克的合作一样，双方同时为两家公司和 / 或两种产品进行广告宣传。可以考虑：在产品包装上进行联合产品推广，联合进行媒体宣传和广告活动，展销会上进行联合营销，和体育赛事建立伙伴关系，共享产品路线图和产品生命周期的信息。

- **额外服务。**同样，一方带来的价值可能远远超过另一方因此产生的成本。可以考虑：提供设备安装支持，签订服务合同，提供现场工程服务，配备专属客户服务代表，提供测试、培训服务等。

- **数据是典型的成本低、效益高的"甜味剂"。**透明地共享信息，除了为企业带来直接的财务价值，还可以加强双方的长期合作关系。可以考虑：分享产品路线图、市场情报、技术更新，及时通知即将发生的变化，就新产品的使用提供反馈意见。

Creative Conflict

互相学习

理查德·罗尔说："生活是找出正确的问题，而不是获取正确的答案。"高阶的讨价还价模式帮助解决的主要是人们自身的问题。如果仅拿个好价格行不通，人们会想用其他各种方式去达成对自己组织有利的交易。在创造性交易中，人们面临更复杂的挑战。丹尼尔·平克解释说：

> 当我对自身真正的问题判断错误，感到困惑或完全不知所措时，他人的帮助就极为可贵。在这些情况下，能打动他人的，与其说是出于解决问题的能力，不如说是发现问题的能力……
>
> 毕竟，我的最终目标并不是买一台真空吸尘器，而是让地板变干净。也许真正的问题是我家的纱窗挡不了灰尘……也许是我家地毯太容易积灰，而换一块新地毯，我就不必一直用吸尘器吸尘……也许可以请一家清洁服务公司上门服务，价格不高，还自带工具设备，解决我的问题……

如果我知道真正的问题所在，就有可能解决掉。如果我不知道问题所在，那可能需要一些帮助来找到问题。

我们要找出的这类问题，将引领达成一个对各方都有利的绝佳方案，一个能扩大交易范围的解决方案。发现问题这一过程从谈判前的梳理价值开始，在发现数据信息过程中结束。在创造性谈判中，发现数据信息不再是如何利用对方信息，更多的是去探索对方未得到满足的、往往是未能表达出来的需求，这些需求会给双方带来更大利益。社会心理学家称作观点采择（perspective-taking）[①]。平克对此做出如下解释：

当遭遇与他人相关的不寻常或复杂状况时，我们如何理解发生的事情？我们是否只从自身角度来审视？我们是否"有能力跳出自身的经验，去想象对方的情绪、感知和动机"？

人们往往声称自己是对的，对方是错的，对于原因，他们在解释时要么故作姿态，要么强势操纵，要么夸夸其谈。而观点采择，则恰恰相反。**观点采择对应的实际动作是询问。**各种问题将人们自然地、有机地联系在一起，在扩大人们认知基础的同时，培育了一种协作心态。没有买家会知晓产品或服务背后的所有细节，卖家也不能期望能猜出买家组织内发生了什么。只要说话时加上询问的语气，谈判就变成了一种相互教育学习的过程。

不管对方观点听起来有多混乱，只要人们了解得越清楚，对其需求的

---

① 观点采择，是一个心理学概念，指想象理解他人的思想、观点和企图的能力。——编者注

把握就越准确；收集到的信息越多，对己方可交易资产的定位就越准确。了解了别人的状况，便可以相应地调整自己的状况。卖家在销售时可以这样说："现在我了解你们的情况了，我们有一款专业版软件应该更合适你们。"此处要说明，他们这不是为了增加销售，而是觉得或许有一个便宜的版本也适合买家，这是赢得买家信任的可靠方法。

总而言之，如果人们不清楚对方需要什么，那就无法将己方资产与对方需求进行匹配。而如果提问题时不深思熟虑，就不可能知道他们需要什么。在下面的例子中，印刷商在一直提问，直到找到一个更好的交易的机会。

买家：我刚才说过，现在你有个竞争对手，你得给我更好的折扣。我需要你降价至少 10%。

卖家：我很想和你们合作，但我不能就这么降价。我肯定不能再降 2.5 万美元。从一开始，我给你们的价格就真的已经很好了。

买家：但这个价格对我们来说还是很高。

卖家：好的，我明白了。也许我可以帮你再降低点交易成本，同时也能帮到我自己。

买家：这个主意不错。你有什么想法？

卖家：告诉我，你们究竟要拿这些宣传单页做什么？是在展会上分发，还是用来邮寄？

买家：都不是，这些是我们用在行业杂志刊登的广告附页，是打孔插页广告，可以撕下来的。

卖家：有意思。你们在多少杂志上刊登了这个广告？

买家：大概 13 种。

卖家：要集中在同一个地方把这些单页组装到杂志里吗？

买家：不是，我们要分发到全国 12 个地点。

卖家：现在我们谈的是把它们整体运到你们在得克萨斯州达拉斯的中心仓库。之后你要怎么办，再转运给出版商？

买家：没错。

卖家：谁付运费，你们还是他们？

买家：我们付。

卖家：你知道运费有多少吗？

买家：当然，是我们来付账单，而且我告诉你可真不便宜，将近 5 万美元呢。

卖家：那么多？你知道物流公司给了你们多少折扣吗？

买家：大约是他们标价的 30%，我们不是他们的大客户。

卖家：30%，就这些？嗯，让我想想。（停顿了很长时间。）瞧，也许我有办法帮到你们。为什么不让我们来帮你们运货？

买家：你们怎么做？

卖家：我们可以直接发货到所有 12 个地点，垫付运费，加一点附加费。就是说，我们支付运费后再向你开账单。

买家：我不太明白。这对我们有什么好处？

卖家：因为我们是家大型托运公司，全国都有业务，所以我们能拿到双倍的折扣，你们的运费就能减半。这样你就能节省近 2.5 万美元，并且还减少了很多工作量。你觉得怎么样？

买家：哇，听起来不错。

卖家：我想要的回报是这样的。如果你能 30 天结款，而不是 60 天，那么我想我应该能争得领导的同意。你那边行吗？

买家：我去楼上会计部问问，不过我觉得应该没问题。

这个案例中谁是赢家？如果买家的目标是节省近 2.5 万美元，那么新的运输方案就帮他达到了目的。而如果卖家的目标是坚持自己的报价，那么卖家也是一个大赢家。双方并没有快速做出让步，而是坚持立场，共同努力解决了问题。这么做的回报是什么？双方达成一份对彼此都有利的协议。

展现尊重的态度

只要不过分戏剧化，讨价还价包含表演的元素。**创造价值模式要求人们真诚地关注对方，关注他们的期望和顾虑。**这是一种完全不同的思维方式，一种以全新的方式与对方进行互动，并且认真考虑他们要说的内容。**要打动别人，人们需要将对方视作社会人，而不是经济人。**人们必须正视他们的情绪。让他们对这笔交易产生更好的意愿，这可能比折中带来的好处更重要，比进行不带情感的分析更稳妥。除了向对方提问获取信息外，另一个特别有说服力的工具就是寻求对方的建议，正如格兰特所说，这么做除了能了解到有用信息，还能表现出一种尊重的态度以及"鼓励他人采择我们的观点"的意愿。在一项商业地产销售谈判的实验中，格兰特注意到：

> 当卖家专注于尽可能地获得更高价格时，只有8%的谈判双方达成满意的协议；当卖家向买家询问，自己该如何帮助他们实现目标时，42%的谈判双方达成满意的协议。向对方寻求建议，鼓励双方以更积极的态度、进行更大程度的信息共享来达成合作……
>
> 在向对方寻求建议时，人们向对方表明自己尊重且欣赏他们的见解和专业知识。由于大多数人都是互利者，因而对方往往会积极回应，作为回报，也有动力向我们提供支持。

　　一旦人们开始把人看作是社会人，是活生生的、三维的主体，而不是自己试图操控的对象或意欲战胜的对手，那么谈判时人们的视野就打开了。在分析对方故事时，人们就能很快发现自己并非唯一一个承受压力的人。因此，就不会匆忙做出让步的决定，同时更耐心地逐步推出己方资产，充分展示其价值以匹配对方需求。给双方都留出时间，讲述各自故事，这样人们才能发现可能会因行为草率而错失的机会。

　　在创造价值模式中，尽管发现数据信息的过程呈现出更多的合作特征，但也依然保留竞争因素。不过，那不是为了获得更大的让步而展开的对抗性角逐，而是一场通过叙事手法展开竞争的决斗，一场以追求创造性成果为目的的、双方观点上的冲突，比如列侬和麦卡特尼之间的争执。毕竟基于双方利益，人们都愿意努力找出最高效、最富有成果、最有利可图的解决方案，无论是哪一方先想出这样的方案。

　　作为锚定策略的一部分，人们可能同意一开始就定下一个非正式的基本原则：双方都会尽最大努力保持开放的心态，而不是不假思索地否定对方的想法。人们不会为坚守自己的提议就否决对方，而会压制自我，乐于接受辩论。人们会问自己：从这里我能学到什么？同时也会对对方说："我不确定这是否行得通，不过你能告诉我更多的情况吗？"

　　所有事情都谈妥之后，人们可能仍对是否公平有不同的看法，这完全可以接受，因为这有利于进行创造性谈判，也是对双方都有利的结果。除了获得实际的回报外，最重要的是双方发现数据信息，带来一些无形的有价值的回报：沟通更顺畅、数据信息更透明、联盟关系更紧密、彼此理解更深刻……还有在目前交易以及未来发展中，有更多的合作机会。

我一直记得我们研讨会的一名与会人员，她在做自我介绍时，自称是"世界上最糟糕的谈判者"。

"你说得挺严重，"我说，"发生了什么事？"

"比如，有一次我看到一幢房子，我非常喜欢，标价50万美元，"她说，"所以我决定出个很低的价：40万美元。你知道房产经纪人怎么说吗？"

"怎么说？"

"'好极了，就按你说的成交！'现在看来，我这不是很蠢吗？"

我想可能她生活的地区的房价不高，问道："你家那边的房产市场怎么样？"

她说："噢，房产市场一直非常好！我几年前买的房子，现在值60万美元了。"

于是我问自己：两年内就能升值50%的房产，能拿到20%的折扣，她怎么还会失望呢？她不是赚大了吗？

答案是对，但也不对。客观上，我们可以说那位女士赚大了；然而，主观上，她觉得自己被骗了。这是为什么呢？假设卖家的房产经纪人在她最初报价时表现出退缩："哇，才40万美元吗？按规定我只能把有诚意的买家报价反馈给业主，但是你的报价远低于市场价啊。这样吧，我去问问他们，看看他们反应如何。谁都说不准呀。"

过了一天，房产经纪人打电话给这位女士说："真不敢相信！你知道业主说什么吗？如果你今天就同意签约，他们会以 41 万美元卖给你。说实话，我很惊讶。不过他们正在办离婚，快办完了。恭喜你！"

如果事情是这样发展的，我可以保证，这位女士会更开心，哪怕她比现实中的价格还多付了一万美元。如果找来任何一位房产经纪人，他们都会这么说，因为有客户拿到了最好的价格，却还是一直抱怨，还要再讨点便宜；也有些客户虽然支付了最高价格，却像孩童一样开心。

怎么会这样呢？**在任意一场谈判中，交易结果的满意度与结果的主观价值相关。一个人为争取让步所付出的努力越多，所获让步的价值就越大，他们对结果就越满意。**

在一次性讨价还价的谈判场景中，另一方的满意度似乎无关紧要。**在创造价值模式中，人们期待建立持久的合作关系，每轮谈判的结果都会影响到下一轮。只要让对手满意，人们就能稳操胜券。**

当对方觉得自己的谈判很成功，便更易于消除疑虑，在下一次谈判时会更加自信。若想达成对双方都更有利的协议，这个因素很关键。

做出让步时，要缓慢地、逐步地甚至带点勉强，这样会降低对方对未来交易以及当前交易中未解决问题的期望值。我们的研究表明，期望值与满意度成反比，前者越低，后者越高。这是让步策略与目标设定策略发生重叠的地方。相反，如果买家为了接近卖家价格，立刻把报价提高 15%。毋庸置疑，下一次他们肯定直接将报价提高 18% 或 20%。

当可达成协议的空间看起来不够充裕，人们又几乎没有客观的转圜余地时，从对方做出的让步中获得最大的主观价值便很重要，即使是人们毫不费力就能提供的东西。不要说："当然，这个没问题。"而要这么说，效果会更好："哎呀，我不知道，我得好好想想。"或者说："我很想答应你，但这不是我能决定的。我把这个方案提交给管理层，看看能怎么做。"过了一天，再说："嘿，我跟公司争取到了，我们答应你。"在同意之前先拒绝，哪怕人们很清楚那其实正是自己想要的。相信我们：他们会万分感激。

坚持互惠，有条件地交换

在讨价还价模式中，启动效应（priming effect）[①] 这种心理机制是表达锚定价格的一种表现形式，是一种以不易察觉的方式影响对方期望值的技巧。在创造价值模式中，人们通过心理上的启动效应对谈判本身进行期望值设定，从而达到对双方更深入、更有创造性地探索的目的。卖家可能会对买家说："海伦娜，我收到你的招标书了，我觉得我明白你想要什么，你也收到了我的竞标书，但我想花点时间跟你一起看一遍。我希望确保我的想法符合你的真实需求。我有很多问题要问你，希望你也有许多问题问我。我们留出一个小时来通个电话吧。"卖家传达出的信息是，既希望越过价格进行更深层次的讨论，也表达出自己严肃的态度。

在"求爱"时，我们会清楚地表明自己是多么重视对方，无论双方差异如何。买家可能会对卖家说："瑞安，我知道我们之间现在还有差距，

---

① 启动效应，是指由于之前受某一刺激的影响，之后对同一刺激的认知提取和加工变得容易的一种心理机制。——编者注

但我相信一定有办法解决。我认为你非常适合我们，我们真的很想与你们公司做生意。我们继续往下谈吧。"人们向对方表达渴望与其达成协议的意愿，并且暗示将来会有更多交易机会，激励对方继续与自己在艰难的谈判之路上共渡难关。以下是激励对方与自己继续谈判的几个技巧。

逐渐推动谈判发展。人质谈判代表有这样的经验：人们可以通过推迟提棘手的问题来让对方放松下来。先摘挂在果树低处的水果。先就一些简单问题达成一致，并向对方保证双方的分歧可以弥合，建立积极的发展势头以解决接下来更棘手的问题。在谈判早期取得进展后，人们会投入更多精力，坚持完成谈判。在一些次要问题上应允一两次，这可能会软化对方在重大问题上的立场。

坚守己见。为达成更全面的协议做好妥协的准备，这是一回事；但不真正进行一番斗争就放弃立场，是另一回事。坚守自己的观点，除非自己和对手找到更好的方案。这么做，是在为创造性谈判做铺垫。请记住，恰恰是因为有摩擦，才迫使双方以全新的方式看待这笔交易。还有一个同样的技巧：坏唱片技巧，就是不断地重复论点，不要觉得自己必须缓和、退让。谷歌前高管乔纳森·罗森博格（Jonathan Rosenberg）提醒我们："不断地重复并不会破坏祈祷本身。"

为对方设限。谈判时，人们声称自己想要的内容，和实际上需要带回给组织利益相关者的内容，这两者是有区别的。按常规来说，篮子一直有两只：一只是"必须拥有"，另一只是"想要拥有"。不要用表面价值来看待人们的要求，适当的时候人们可以反对。如果对方认为自己不真实付出就能得到想要的东西，何必绞尽脑汁来寻找更具创造性的折中方案呢？

比如，我们组织的公开研讨会吸引了各种各样的人来参加。一场在洛杉矶举办的活动中，一位顶级的婚姻介绍人向我们透露她成功的秘诀："人们来找我的时候，会告诉我他们想要什么。我跟他们交谈，找出他们需要什么。当我提供给他们需要的东西后，他们就忘记自己想要什么了。"

坚持要求交换，直到无能为力为止。讨价还价模式往往受制于非此即彼的坚定立场。相比之下，创造价值模式寻求的是以新颖的方式，服务共同利益：

- **行**，我可以给你这些，**但**我需要的回报是……
- **不行**，我不能答应你，**但是**我可以提供这些……
- **如果**我为你做那些，**那么**我需要这个作为交换……

互惠互利，是创造价值模式的核心。 要求回报是必然的，尤其是当对方在最后关键时刻占小便宜或出尔反尔时。如果找不出务实的折中方案，而选择放弃要求对方让步，那么应该理解为，在下一轮谈判中，对方欠自己一次让步妥协。

还有一种通过魅力来卸下对方戒备心的技巧，原则上需要一方提出一份协议。法国人就很会用这种技巧："别担心，我们稍后会敲定那些小细节。"在讨价还价中，糖衣炮弹可能是一种具有欺骗性的破坏性举动，令另一方过度承诺，达成一项远没有他们以为的那么圆满的协议。而在创造价值模式中，当人们卡在一个重大的分歧点上停滞不前时，这种技巧有时作为临时的变通倒是很有帮助。但要小心：冲突缓和后，尚未成熟的承诺可能会让人产生一种错觉，认为双方没有真正意义的差异。然后，当冲突不可避免地卷土重来时，要想谈出一个对双方都有利的解决方案，可能会更加困难。我们在这里提出以下两个技巧，这有助于帮助谈判者推动对方让步。

深思熟虑的回应。深思熟虑的回应，也被称作故意停顿，是有意识反思性系统做出反应的一种变体。这是让自己放慢节奏的好方法。它保持创造张力，让更好的想法浮出水面。还有一个好处，它能让人们接下来说的话显得更有分量，哪怕不过是推迟做决定而已。正如霍华德·范赞特（Howard Van Zandt）发表在《哈佛商业评论》的一篇经典文章中所解释的那样：

> 美国人通常不知道如何应对沉默。他们搞不懂发生了什么事。简单地说，情况是这样的：当讨论出现停顿或陷入僵局时，日本人保持沉默，没有觉得自己有要说点什么的必要……过了几分钟，还是没人说话。美国人开始感到不安，觉得他们得做一些说明。正是此时，他们经常自告奋勇地首先在有争议的问题上做出让步，或者说一些不该说的话，就为了让这场谈话能进行下去。

不确定性的力量。与深思熟虑的回应类似的，还有利用不确定性的力量，就是人们可以出乎意料地说些诸如"对此我还说不出什么意见"或"我不知道"这样的话。没有人无所不知，这也没有什么可羞愧的。为领导做决策争取些时间或仅仅多争取点时间思考，人们就拥有很多可能性。在创造性交易中，利用不确定性的力量，也可以推动对方让步。

Creative
Conflict

创造性谈判指南

● 创造价值模式将谈判变为双方的共同使命。通过将一方的资产与另一方的需求进行匹配，可以为双方带来更好的解决方案。

● 创造价值模式的主要策略是梳理价值。通过挖出隐而未现的己方资产，可以找出互惠互利的折中方案。

● 在搜索数据信息时，通过共享信息，双方都可以深入了解对方的需求。

● 积极地提问是扩展己方认知基础、挖掘问题并解决问题的最佳方式。

● 创造性谈判者在放弃利益时要表现出勉为其难的样子，可以激励对方提出对我们更有利的解决方案。

● 对方想要的和他们需要的并不相同，要限制前者，竭尽所能满足后者。

● 交换是创造价值模式的本质，在做出无附加条件的让步之前，先要考虑对方可能拿什么作为回报。

Creative Conflict

如何用创造性谈判
建立长期战略联盟

Creative
Conflict

●

第10章

建立长期合作关系

战略盟友非但不争夺价值，
反而共创利润。

Creative
Conflict

　　一个星期五的傍晚，电话响起。每位采购都害怕在这个时候接到电话，因为这时的电话通常不会带来好消息。此时，布拉德·扬（Brad Young）接到他的一位重要供应商打来的电话。布拉德·扬是跨国办公用品公司史泰博（Staples）的全球制造和采购副总裁。此时正值返校季，补充库存的产品还有几天就该安排到货了。

　　供应商在电话中说："听我说，我真的很抱歉。今天早上我们的主厂房发生了爆炸。谢天谢地，没有人受伤，但机器设备大范围损坏，没法再生产了。接下来的两个月内，生产线都启动不了。我们完不成您的订单了，这一季度都完了。"

　　在办公用品业务中，三孔活页夹是核心战略产品。许多顾客都因为要买活页夹才会进商店。虽然史泰博公司有多家供应商生产这款产品，但是那个陷入瘫痪的工厂的供货量占史泰博总库存的 25%。我们在《供应链管理评论》（*Supply Chain Management Review*）中讲过这则案例，当时布拉德·扬束手无策。当下几乎没有时间了，他怎么才能补上这些货呢？

在生产这一品类产品的供应商中，布拉德·扬知道有一家可靠的供应商。那是家小型纸制品厂，在埃及。然后，布拉德·扬打了电话过去。当时是开罗的午夜时间，他知道自己吵醒了对方。"听我说，拉赫曼，万分抱歉打扰你，但我遇到麻烦了。"他把事情解释了一遍，并告诉拉赫曼情况十分紧急，恳请他至少帮忙补上大部分的库存短缺。布拉德·扬已经在脑子里算好了成本，准备为加急生产支付 30% 的溢价。他暗自希望对方别要得太高。

拉赫曼说："好吧。虽然明天我们这里放假，但我会开工，安排员工三班倒，一定在下周末之前帮你准备好所有额外的数量。产品价格不变。星期一的时候，你可以给我发一份采购订单。布拉德·扬，我知道你工作有多努力。别担心，我会帮你。周末好好休息。"

对此我们应该怎么看？布拉德·扬甚至还没提出要求，就获得对方巨大的让步。我还是坚持那个观点，谈判是以达成协议为目的，用以弥合差距的行为。不过，在这个案例里，双方并没有明显的差距，因此也就没有谈判。

事实上，双方在过去 8 年经历过多次谈判，这一次能快速达成协议是多次谈判的成果。他们第一次做生意时，布拉德·扬关注的重点是如何保持史泰博活页夹的市场竞争力，于是他与拉赫曼讨价还价，劝说他降到底价。过了一段时间，拉赫曼对布拉德·扬说："我很想继续与你合作，但在这笔交易里，我一分钱都赚不到。"布拉德·扬此前也曾负责过生产工作，他花了 15 小时从波士顿飞到开罗，去工厂参观。他跟拉赫曼分享降低成本和提高效率的想法，帮助拉赫曼保持竞争力。过了两年，布拉德·扬建议这家供应商扩大生产，引进利润更高的产品线，并向他们增加了一些批量订单，帮助他们渡过了艰难的起步阶段。这是个典型的价值模式的示范案例：布拉德·扬一边向拉赫曼压价，一边向对方提供专业技术上的帮助。拉赫曼的生意蒸蒸日上，营业收入是以前的 3 倍。一步一步地，双方建立起真正融洽的合作关系。

待活页夹危机出现时，布拉德·扬已经在这家埃及企业身上投入了多年的精力，有计划地推动其发展。可以说，他令拉赫曼相信，建立长期的合作关系对双方都有好处。布拉德·扬与拉赫曼建立了一种基于相互帮助支持的长期关系，因此在遇到困难时，他很愿意向对方求助，并且不会觉得难堪。拉赫曼也积极地解决史泰博的问题，并且没有乘机获取额外的利益，他抓住这个机会回馈对方。双方的这种关系本身就为这笔交易增加了价值。

为对方争取利益

创造性谈判中的第三种，也是最后一种模式，是关系导向模式。这是 3 种模式中最包罗万象的一种。对规模较大的公司而言，比如苹果和耐克、丰田和斯巴鲁、丰田和优步，这是当下面对"新型的、世界级的、以知识工作者为基础的全球经济"大环境，人们应采取的谈判模式。

在当今时代，卖家的头衔已经从"销售经理"变作"客户经理"，再变作"客户关系经理"，那些基本的讨价还价技巧，甚至是那种交换条件的匹配，对谈判都已经不再有效。即使在规模较小的公司，销售员也会有一半甚至更多时间花在为现有客户解决问题、维持客户关系上。面对极端的市场波动和日渐萎缩的市场带来的压力，建立战略联盟比以往任何时候都更为重要（见图 10-1）。

满足己方需求的项目　　　　　　　　　　战略伙伴关系

图 10-1　关系导向模式中的合作过程

此类谈判模式带有错综复杂及循环重复的特点。一次性的买卖交易用不到这种模式。这种模式可在下一层级的序列中进一步细分，从临时性隶属关系和个别性契约（discrete contract）[1] 到长期的合作协议、供应链整合，以及联动密切的董事会。**顶级的企业对企业关系是正态的共生关系，双方会建立战略联盟，在谈判时都像为争取自己利益一样，努力地为对方利益考虑。**与此同时，他们还寻找机会扩大合营企业规模。我们在第 8 章中谈过，美联航 / 星巴克从双方第一次创造价值谈判中展开了良好的合作。到了两家公司第四次续签为期 3 年的咖啡供应和合作营销协议时，他们又将合作范围扩大到音乐领域。在项目试运行期间，美联航推出了一个机舱内娱乐节目，播放美国灵魂音乐家雷·查尔斯（Ray Charles）后期创作的音乐作品，而这正由星巴克的唱片品牌提供。

随着人们从单一地看问题转向进行多重考量，从相互怀疑转向相互依存，人们需要一套截然不同的谈判战略和技巧。最重要的是，关系导向模式需要一种新的心智模型。在建立真正的伙伴关系时，斤斤计较的结果只

---

[1] 个别性契约，是指仅有物品的单纯交换的契约关系，当事人在完成即时性的交易之外不再有其他联系。——编者注

会让谈判的作用适得其反，隐瞒信息会令谈判陷入混乱，公开透明和公平合理对谈判至关重要。

虽然竞争依然存在，但其形式不一样。双方都采取创造性谈判方式，巩固双方关系，增加利润，指明未来机会的发展方向。双方的关注点从总体拥有成本和总体商业机会推进到总价值优化（Total Value Optimization，TVO）[①]，他们进行己方资产和对方需求的匹配，目的是实现长期收益的最大化。**战略盟友之间不是争着获取价值或交换价值，而是争取站在对方立场考虑，创造共同利润。**人们越能说服对方支持自己的观点，双方的关系就越牢固。

就像一段美满的婚姻一样，一个公平的、令人满意的结果，并不总是对半平分总价值优化后获得的利益。根据情况，其中一方可能会全部拿走。假设某家供应商制作出新的解决方案来满足老客户的需求，他们可能承担了更多的初期开发费用和更大的风险。尽管无可否认这是互惠互利，但实在找不出一种正确的方式来共享这些利益。买家可以说："无论你拿出什么方案，第一年省下的费用全部归你，以后我们拿 60%。"有时一方遇到麻烦，需要对方说："我明白，这次我会咬紧牙关给你，你下次补偿我。"还有些时候，让对方觉得赢了，可能符合人们的长期利益。否则，人们会直接拒绝对方占小便宜的行为："不行，太多了，我不能接受。"在任何一笔交易中，双方未来的关系比谁能额外多拿 1% 重要得多。

然而，有时候即使是最亲密的伙伴，也会摆好架势重新谈判。交易永远不会完全按照计划进行，总会有不可预见的事情发生。协议越复杂，就

---

① 总价值优化，是指通过合理配置资源，使整体效益最大化。——编者注

越容易出现错误解读。出现分歧时，双方可能回到交换条件的匹配甚至讨价还价。但即使转回讨价还价模式，他们采取的策略也会比较温和。**当然，利润仍然很重要，但最重要的是保持双方建立的联盟及其带来的协同效应。**

总体来说，在这种模式下人们的目标是定性的、定量的。人们追求的是遇到问题时，更迅速地应对，昂扬士气；最重要的是，要想找出回报丰厚的折中方案，就要提高自己创造价值的能力。一旦项目启动，各种新的价值机会就会涌现。随着双方对对方的能力和需求有了更多了解，有些工作可以在中途进行调整。运用创造价值模式的谈判者学会了相互信任，只不过是在有限范围内；而战略合作伙伴则坚信对方一定能克服困难。正如人们在布拉德·扬和拉赫曼身上看到的，双方经过谈判建立联盟，而通过合作中的实际表现，以及对未来的共同投资来巩固联盟。这种关系中嵌入了一种双向的影响力杠杆。美国政治学家罗伯特·艾克斯罗德（Robert Axelrod）在《合作的进化》(*The Evolution of Cooperation*) 这本书中写道：

> 例如，在钻石市场，人们仅需口头承诺和握个手即可交换价值数百万美元的商品。这种闻名遐迩的简略交易过程，关键在于参与双方都知道他们将会一次又一次地与对方打交道。因此，任何借此投机取巧的企图都是徒劳的。合作的基础是……双方持久的关系。

供应商与客户建立起特别的合作关系，并积累可靠的业绩记录，因此引发具有变革性的连锁反应：持续产出不仅吸引客户增加回购订单，还使客户不断地向他人推荐这个产品。因此，在这种关系中，客户成为重要的销售人员。

此处做一个提醒：并非所有的商业交易都注定会走向长期的合作关系。在建立伙伴关系之前，必须问问自己：对方是否一直如约地履行义务，或者最好是超额完成？如果是这样的话，就可以谈谈建立稳定的伙伴关系了。

当机会来敲门，最凶狠的对手也会开辟出一个合作空间，双方联手实现共同利益。苹果和谷歌，作为世界上 4 家最大公司中的其中 2 家，在无数个关键市场都正面交锋：网络浏览器、智能手机操作系统和硬件、个人电脑端操作软件、语音助理（Siri 对 "Hey Google"）、应用商店（iTunes 对 Google Play）、数字版权管理（苹果电视对 YouTube）。但自 2007 年以来，这两大科技巨头在一个利润极为丰厚的领域展开合作：苹果将谷歌的搜索引擎作为其电子设备，主要是 iPhone 的默认搜索引擎，谷歌则向苹果支付一大笔合理的版税，每年高达 120 亿美元。苹果原法律总顾问布鲁斯·休厄尔（Bruce Sewell）对《纽约时报》说："硅谷有一个奇怪的术语，合作……我们有残酷的竞争，但同时，我们也有必要的合作。"

这个了不起的案例展现了收入共享、合作共生的可能性。当 iPhone 用户使用苹果浏览器 Safari，向苹果语音助手 Siri 发出请求，查找附近的泰国餐馆时，Siri 利用谷歌的搜索功能在附近街区找到一家，而这家恰好在谷歌上做了广告。谷歌从广告收入中获利，并将一部分收入返给苹果。虽然这种排他性协议可能会受到联邦反垄断法案的挑战，但当事双方都不会主动放弃。苹果不能承担放弃谷歌的代价，因为没有其他搜索公司能付这么多钱；谷歌也无法承受脱离苹果的代价，因为有太多的搜索流量来自 iPhone。许多行业中都有这样的合作，例如：

- 美国威瑞森通信公司（Verizon）、美国电话电报公司（AT&T）和跨国移动运营商美国移动电信公司（T-Mobile）定期进行交易，扩展其他公司的通信网络容量。

- 化工企业在一个产品领域展开残酷、无情竞争的同时，也会相互采购某些特定的化学制品。

- 如果一家石油生产商拥有一份重要的租约，而另一家公司在其附近拥有作业所需的管道和现场设备，他们会就油气租赁区块的作业权创办油田经营合营公司，进行承租和出让业务。

在所有此类情况下，面对明显的冲突时，人们需要进行创造性谈判，去达成一项双方都受益的协议。这里还需要一种双向思维。**新创造出的附加价值仍然需要进行分配，协同合作仍有其局限性。**苹果公司的休厄尔发现："你必须有能力维持这些关系，不能搞砸……同时，你代表公司去谈判，必须尽力达成最好的交易，所以，你很清楚自己必须放手一搏。"

还有一点需要注意：苹果创建的交易需要定期重新谈判，这让他们可以确保自己签了合同后能得到约定的利益，也就是，谷歌兑现了协议中的承诺。**一旦两家公司错综复杂的关系发生变化，或周围大环境发生变化，协议就可以相应地进行调整。**

构建积极的影响力杠杆

如何构建影响力杠杆本身也有个序列。在讨价还价模式中，尤其是在一次性或者交易费用极高的交易中，后果性影响力会直截了当地提醒对手他们为什么需要自己。买家可能会向卖家指出自己对对方的业务有多重要，摆出留给卖家的选项，也就是不能满足自己预期的后果；在创造价值模式中，正如我们在第9章所谈的那样，影响力是用来交换的：自己为对方做什么，与对方为自己做什么有明确的联系。

但达成长期协议后，在一种付出型的关系中，影响力是积极的，变成不带任何附加条件的额外帮助，变成一个"快乐因子"。有些人主动提供"快乐因子"，并不会得到任何实际的回报，反而经常给自己带来不便。不过，他们也会把对对方付出的善意储存起来，因为这是战略联盟里的硬通货。而双方关系的价值远高于在交易中触到底线的后果。

如果对方能满足两个条件，就能获得强大的积极影响力。**第一个条件与性格有关**。对方仅诚实是不够的，还需要勇敢，在遭遇困境时人们可以依赖他们。但"快乐因子"在机会主义者身上会起反作用。

第二个条件要求人们与有潜力的人持续地互动。对没打过多少交道的人施以援手，这通常是错误的做法，他们可能只是把好处装进口袋，然后期待下次能得到更多。同样，如果可能是一笔一步到位的交易，那人们付出再多也不产生商业价值。

当然，当对方发挥影响力杠杆作用时，人们也有可能别无选择。莫布斯曾经讲过一件事，与加利福尼亚州巴斯托市的一个为期3年的建设项目有关。这个项目是在莫哈韦沙漠的中心建一个新的奥特莱斯购物中心群。莫布斯的筑路公司收到了两家沥青供应商的投标，他选择了报价较低的那家。过了两个月，这家供应商史蒂夫给他寄来一封挂号信："亲爱的莫布斯，你的员工上星期有点误工，你可能要被罚款了。"果真如此的话，莫布斯的公司每天要被罚5 000美元。"所以你的工头问我们，能不能让我们的工厂通宵工作3个晚上，这样他们就可以连夜铺路了。我们很乐意帮你。"信中还附了一张发票，"加班70小时，不收加班费"。

过了几个星期，莫布斯又收到一封信。这封信提到一台巴伯格林摊铺机坏了，那是一台巨大的铺路机。信中写道："你的工人都坐在那里，等着有人从六七十公里以外的圣伯纳迪诺过来修机器，所以我们把我们的机器送了过来，这样你就不会浪费一天的时间了。"随信还附有一张发票，上面注明："巴伯格林摊铺机租赁费，1 500 美元 / 小时，不收此租赁费。"

到项目进行的第一年年底，莫布斯收到 6 封类似的信，后来另一家沥青供应商又来了，给莫布斯报了个更优惠的价格，事实上，比史蒂夫的价格低很多。莫布斯把史蒂夫叫来，对他说："瞧，你的价格真得调一调了。"

史蒂夫说："等一下，莫布斯，你还记得我们为你做的一切吗？"他拿出挂号信复印件，从头到尾过了一遍，说："你实话实说，莫布斯，每家沥青供应商都给你提供这种服务吗？"确实没有，莫布斯不得不承认。"我们为你们提供了额外的服务没有？"是的，确实提供了。莫布斯同意。"那些服务值这部分溢价吗？"莫布斯承认确实值。尽管他与史蒂夫重新谈了第二年的生意，但他付给史蒂夫的钱仍然比那家对手的报价高。史蒂夫已经把他积极的影响力当作谈判的武器，把恩惠当作欠条，把它们全拿了出来。他的"快乐因子"实际上是一种贪小便宜的表现形式，与原意背道而驰。尽管史蒂夫在付出，并没有索取或食言，但目的是一样的，即使食言也是传统意义上贪小便宜的表现形式。史蒂夫用他的体贴周到和慷慨大方，让莫布斯做出退让。

积极的长期联盟关系是如何维持的？其实，这些方法可以追溯到父母早年的教导。

如何成为一个优秀的合作伙伴：

- 与人为善。
- 分享玩具。
- 不要总拿大块的蛋糕。
- 有来有往。
- 信守承诺。

在讨价还价中，我们的心态是"我拿到我的那份了"，而在关系导向型中，就会变成"我会支持你"。

尽管关系导向模式本质上主要是一种战略思路，但也有些技巧能发挥作用。本着透明和诚信的精神，在关系导向模式中，人们使用的技巧与在讨价还价模式中使用的非常不同（见表 10-1）。

表 10-1　谈判者在关系导向模式中使用的技巧

讨价还价模式中的技巧	关系导向模式中的技巧
退缩	安抚
出言不逊	直言不讳
留有余地	提出现实的方案
吝啬	慷慨大方
退场	积极参与
"要就拿走，不要拉倒"	解决问题
设定战术期限	给对方时间
糖衣炮弹	真诚的妥协
占小便宜	提供"快乐因子"
出尔反尔	超出承诺范畴
斤斤计较	急人之难

用信任减少交易成本

已故的奥利弗·威廉姆森（Oliver Williamson）是一名杰出的经济学家，他是 2009 年诺贝尔经济学奖获得者之一，曾在伯克利大学担任经济学教授，他以在交易成本经济学方面的研究而闻名。威廉姆森将对标准化商品的孤立采购，与有更多定制商品的回购交易进行了区分，而后者能让买卖双方建立关系。总的来说，交易成本包括 3 个主要要素：

- **搜索和提供信息。** 寻找市场上的最优价值而产生的费用。
- **谈判和决策。** 谈判过程中产生的成本，包括法律费用。
- **监督和执行。** 确保你达成的交易是你之前同意的，并详细说明在两者出现偏差时你的追索权范畴。

在谈判过程中，一旦双方对彼此的怀疑占据上风，一切都变得更费钱了。合同过长，双方就会提防里面出现歧义和漏洞。律师们在条款和条件上使用突出单方面利益的表述，这预示着即将开始更多轮内外部谈判，同时密密麻麻的红线批注将出现在合同上。谈判桌上尚未解决的分歧会接受一系列来自领导的指导，这意味着谈判会拖延更久，产生更多的费用。

双方关系越牢固，就可以削减越多的交易成本，增加价值。 当人们不再担心对方是机会主义者时，合同就不那么复杂了，法务的审查也不会那么有挑战意味了。如果组织和外购件供应商的关系是"基于相互信任"，而不是惩罚机制，那么双方享有的"信任红利"，其价值将高达合同总价值的 40%。

曾有很多年，巴菲特的伯克希尔－哈撒韦公司都是沃尔玛的大股东。

这两家公司的高层管理人员有长期的联系。当沃尔玛出售其旗下一家从事批发业务的子公司给巴菲特时，这位"奥马哈的先知"（The Oracle of Omaha）① "与沃尔玛 CFO 汤姆·舍维（Tom Schoewe）进行单独的会面，谈了大概两小时，然后我们握了手"，巴菲特在那封著名的写给股东的年度总结信中如此写道。"29 天后，沃尔玛拿到了钱。我们没有进行'尽职调查'。我们知道一切都会像沃尔玛说的那样。事实也是如此。"握手成交的交易价值是多少？只有 15 亿美元而已。

此外还有一个例子，我们认识一家建筑公司，在招标时，它选择了一家心仪的承包商，与其共同实施一个超过 7.5 亿美元的复杂项目。因为他们之间有持久的合作关系，彼此积累了深厚的相互信任，所以那份合同只有两页。

用非典型付出创造价值

东亚和东南亚地区的生意人在坐下谈判之前，可能会先交换礼物，然后喝茶、吃些精致的点心，亲切地闲聊一会儿。日本人在他们开始谈实质性问题之前，通常会举行精心准备的餐会，然后热情地祝酒。神奇的是，这些预备工作能缓和紧张气氛，令会谈有个建设性的开端。但在美国，日本人不太习惯那里的谈判风格，因为美国人的惯例是正事正办、直切正题。这其实错失了一个建立关系的机会。

双方建立融洽的关系很有必要，尤其是在双方酝酿达成长期协议的阶段。**营造积极的氛围，不仅有助于鼓励人们无拘无束地进行讨论，从**

---

① 奥马哈的先知，这是主流财经媒体对巴菲特的尊称。——译者注

而实现提升价值的目的，还能推动彼此坦诚相待。 这很重要，因为这能帮助战略盟友共渡难关。

尽管送昂贵的礼物在纽约或洛杉矶文化里可能是不妥的做法，但并不会阻止人们跟对方谈谈那家新开的意大利餐厅，或者聊聊对方的子女、兴趣爱好或母校。然后当双方慢慢进入谈判、开始出现分歧时，将对方看成合作者，而不是对立方，这一点显得更重要。人们可以不同意对方，但不能恶意地表达反对，或者立刻否定其想法。使用创造价值模式技巧，如避免强硬拒绝、"糖衣炮弹"，进行反思性回应，在建立关系过程中也有帮助。

虽然在这种模式下，付出占主导地位，但也并非不加区分地随意付出。一个务实的做法是修改交换策略，从"经协商后给予"这种匹配形式，转向格兰特所谓的"非典型付出"[①]或"你敬我一尺、我敬你一丈"。但如果盟友还没有完全证明自己，建议在定下仁慈的基调之前还是谨慎些。毫无私心的付出者总是犯下盲目信任他人的错误，而非典型付出者一开始是将信任默认为一种假设，但如果从对方的行为或别人对他们的口碑中，发现他们其实是个获取者，那么人们会调整自己的交换方式：小心地赋予信任，对对方的承诺进行核实。

非典型付出者寻找既利己、又利他的机会，因此想法更为复杂。**毫无私心的付出者只赠予价值，非典型付出者先创造价值。** 他们把一块块蛋糕送给别人，是因为整块蛋糕足够大，还剩下很多留给自己：他们既会多付出，也会多索取。

---

① 在荷兰一项对 28 个项目研究进行的元分析中，格兰特写道："非典型付出者一直是最有效的谈判者。"

公开讨论分歧

有一个经典的谈判案例，与范·海伦乐队[①]有关。这个乐队使用一份标准的演出合同，其中包括一个附加条款，规定在后台专门为乐队成员提供特定的饮品和食品。在"小吃"一项中，除了薯片、坚果以及椒盐卷饼外，还规定准备 m&m's 巧克力豆，还用粗体加上一句："警告！绝对不要棕色巧克力豆。"如果不严格遵守这一规定，就等于演出策划人丧失演唱会主办权，他们将面临巨大的经济损失。从表面上看，这个准备 m&m's 巧克力豆的附加条件有些让人无法忍受，是纵容主唱大卫·李·罗斯（David Lee Roth）的古怪要求。但事实上范·海伦乐队这么做自有深意。乐队带着最先进的舞台设备四处奔波开演唱会，甚至还带着一套巨型照明设备，需要 18 辆卡车把设备从一个地方拖到另一个地方。为了确保演出顺利进行，乐队需要确保演出策划人从头至尾仔仔细细地看过合同，其中大部分都是技术上的要求。准备 m&m's 巧克力豆是一块试金石，乐队用这个手段确保能得到所签合同中规定的全部服务。

督促另一方承担起应尽责任，在执行长期协议的过程中尤其重要，因为两个组织密不可分的关系将持续多年。长期协议的发展有可能出现两种不利的情况：一个是冲突太多，双方过度依赖粗鲁的讨价还价技能；而另一个刚好相反，也更为普遍，危险性也更高。这可以回到戴明提出的双赢理念，认为只要双方都诚信，就能避免分歧。双方在建立了关系后，随着合作往前推进，自然产生友好相处的吸引力。但是别忘了：人们的职责是维护公司的利益，而不是一味顺从。许多原本很有前景的战略联盟关系，

[①] 范·海伦乐队：美国著名的摇滚乐队，是 20 世纪 70 年代中后期到 80 年代末世界上最受欢迎的摇滚乐队。——译者注

都是因为双方没搞清楚这点才破裂的。

长期协议中存在一个问题，就是大家往往一开始都表现得太好。在一段关系初始时期，谁都不愿意说这样的话："听起来不错，但是我们要想想以后可能会出什么问题。"公开提出反对意见，感觉不太礼貌。然而，若是以为合同一签订，双方的冲突就被掩盖消失，那就大错特错了。事实上，谈判才刚刚开始。无论在这个过程中双方多么友好，无论双方对彼此的尊重显得多么真诚，大家依然必须找出一种公平的方式来分配战利品。接下来，他们仍然需要依照约定行事。而这些都不会自然发生，还需要双方时常保持警醒。

在讨价还价模式中，人们往往在最后关头占便宜。战略合作伙伴之间在进行交易时，运用类似的策略可能更加阴险。在面对某些紧急需求时，任意一方都可能会在协议中占便宜，开始违背承诺。供应商提高价格，错过截止日期，成本超支。客户延期付款，或要求对方提供超出交易范围的额外服务。人们对联合创新的项目也失去了热情，开始敷衍了事。这种占小便宜的行为通常并非有意为之，甚至可能是无意的。假如人们与全球营销总监或级别更高的高层打交道，他们很容易因为精力有限，没能给予自己应有的关注。

但是，良性的忽视也是忽视。如果没人督促，下降的绩效标准将成为新常态。双方关系遭到破坏。长期协议带来的利益呈螺旋式下滑，直到管理层开始觉得不耐烦，指挥采购部处理掉不良交易，或者至少是扩大供应商群体，对冲公司的赌注。无论怎么做，都会失去与这个专门的供应商建立起特殊关系的优势。

　　谈判时双方的力量不是静止不变的。**竞争激烈的市场上，在大多数的买卖交易中，买家最初拥有更多影响力，然而，随着时间的推移，力量往往会转移到卖家这边。**当一个长期合作的供应商开始自鸣得意时，客户就得来解决问题。这时候双方的谈话不会让人舒服，毕竟没有人愿意当花园聚会上的讨厌鬼。向一个重要的盟友表达不满，人们需要由被动变主动，而这会耗费大量的精力。一味抱着良好愿望要容易得多，但回避冲突或默默承受并不能解决问题，委屈与不满若无法表达，会从内而外腐蚀联盟。到了某个节点，紧张的情绪不断积聚，人们变得愤世嫉俗，或者最终爆发，开始指责对方，直至愤怒地向对方发出最后通牒。

　　人们要怎么做才能更好地解决冲突？答案很简单：开诚布公地沟通。我们建议客户明确地预先提醒对方，双方一定存在分歧，大家可以自由地提出不同意见。对方不需要准备 m&m's 巧克力豆这样的古怪条款，直接坦诚地对话就有效。选择一个对方易于接受的时刻，也许是在刚刚交易成功的胜利余温中。利用庆祝胜利的间隙，停一下，说："我知道我们双方对这笔交易都怀有良好的意愿；但我也知道，在我们合作的过程中，肯定会出现一些令人头痛的事情。如果你发现了什么问题，我希望让你明白你可以随时来找我，请不要干等着让事情恶化。同时我希望自己也能对你这样做。"

　　最理想的状况是双方都采取主动，让自己处在"内部边缘人"的位置，平衡好合作和竞争的关系。创造性谈判能维护一种健康的均衡，双方都能得到公平合理的份额。积极主动地处理分歧，不装作差异不存在，巩固双方高质量的联盟关系。根据我们的经验，主张诚信的谈判者比被动妥协的谈判者更受别人重视。

若想有始有终，人们需要创造具体的基本规则来对争议进行监控，还需要有办法追踪联盟合作的状态和发展，确保双方都在向最初目标努力，或者思考最初的目标是否已经发生改变。双方必须能够回答以下问题：

- 我们能否依赖彼此既及时分享好消息，也第一时间告知坏消息？
- 一旦出现问题，我们该怎么办？
- 如果出现变化，我们将如何协商？
- 我们应如何改善双方的沟通方式，以避免重复出现同样的问题？

美国心理治疗师达芙妮·德·马尔尼夫（Daphne de Marneffe）认为，最好的婚姻里"一定包括有能力处理强烈负面情绪的人，他们很清楚做到这一点有多难。他们不避讳愤怒情绪，也不会放任不管。遇到棘手的问题，他们就去解决，不会视而不见。他们也会为自己的不良行为道歉"。

企业间的"联姻"也是如此。**构建好一个积极主动的机制，人们就能够经受得住困难的考验，让合作重回正轨。**如果处理得当，公开地讨论分歧还可以强化关系，因为这样可以发现一些重要的问题，否则这些问题会一直隐而不现。尽管关系导向模式的本质是追求合作，但正是双方之间存在的差异，才能一如既往地推动谈判过程中的创新。

在关系导向模式下，处理交易变得很棘手，因为人们的社会规范又重新发挥了作用。但是，尽管人们希望盟友之间的行为要友善些、温和些，但也不能忘记自己仍身处市场环境，没有哪个联盟是永恒存在的。在生意场上，明天永远不会跟今天一模一样。不断地有人离职、受聘和晋升，外部环境也永远在变化。无论人们如何承诺要分享、要关注，只有双方都受益，关系才会顺利发展。

　　当一方明显比另一方强大时，联盟关系中的隐患最大。 我们一个客户是一家汽车零部件制造商，他们与通用汽车达成了一项非常有利的协议，为他们带来了占总收入一半以上的营业收入。经过 10 年的合作，他们去投标一份新合同。结果他们很惊讶地听到对方说："在考虑你的出价之前，我们希望你先支付上一个项目中你们节约下来的成本。"付完钱再来！通用汽车认定我们的客户别无选择，为了维持工厂运转，他们只能以底价廉价销售。他们完全受制于通用汽车。

　　我们询问了他们其他合作商的情况。"嗯，"他们说，"我们跟本田也有点业务关系。我们花了好几年的时间才得到本田的业务。他们把工程师派到我们工厂视察，还让我们去本田那里看看我们的零部件是怎么使用的。完成第一笔交易之后，本田还要这样做，要求真的很高。不过你知道吗，本田真的帮我们提高了质量。本田还总说，让我们赚到合理的利润很重要。"于是我们说："你需要更多像本田这样的客户。"

　　讲这个案例的意义是什么？**不要爱上一个让人们一直处于困境中的商业伙伴。** 出于惰性、便利或者对未知的恐惧，人们很容易陷入一种霸凌关系而无法自拔。但是要小心。人们不会想要上访谈节目《菲尔博士脱口秀》（*Dr. Phil*）[①]，跟主持人站在一起，听着观众一起高呼："甩掉他，甩掉他！"成为受虐的那一方也不会有什么好处。某个时刻，合作伙伴会在这两件事上选一个去做：报复或退出。在一个成功的长期合作关系中，每一方都应兼顾对方的利益，这样才能创造互惠利益。

[①]《菲尔博士脱口秀》，是美国电视节目主持人菲尔·麦格劳博士主持的著名访谈类节目。——译者注

Creative
Conflict

创造性谈判指南

- 在重复性强、复杂程度高的谈判中，首选模式是关系导向模式。

- 在关系导向模式中，人们既要争取自己的利益，也要为对方利益考虑。

- 公平的谈判结果并不总是利益均分，维系双方伙伴关系比维持短期内最低利益更重要。

- 积极的影响力通常以"快乐因子"的形式出现，适用于任何值得信赖的长期关系。

- 非典型付出者信任他们的伙伴，在合作中定下慷慨大方的基调，同时也会警惕对手故态复萌。

- 不要"坠入爱河"，任何商业关系都不是永恒的，如果盟友不再为双方谋求利益，就该请对方出局。

Creative
Conflict

●

第 11 章

培养独家供应商

有远见的买家始终
对独家供应商保持警惕。

Creative
Conflict

美国经济对定制化解决方案的需求越来越大，建立独家供应关系逐渐成为一种趋势，成为一种令人信服的价值主张。**通过培养独家供应商，买家可以创造性地想出许多折中方案，获得大量交易成本优势。**想一想，如果继续使用现任供应商，不用对多家参与投标的供应商进行筛选，可以节省多少开支！如果公司的律师只审核一份总合同，不用检查一大堆外部公司的合同，这能节省多少时间！

建立独家供应关系对供应商来说也是一件好事。摆脱了自相残杀式激烈的投标过程，他们可以专注于如何满足买家的需求，认真把工作做好，不再迫于压力选择走捷径。久而久之，双方建立起信任，也可以最大限度地减少初步审查以及打印无数合同细则的步骤。

当企业采用多渠道采购策略或供应商过度分散时，问责制的实施就会受到影响。如果第一家供应商提供硬件，第二家提供软件，第三家负责安装和维护，第四家负责培训，那么出现错误时，供应商们必将互相指责。更糟糕的是，供应商的建议可能也不可靠。负责维修的公司不会急于给客户建议，让他们把有细小瑕疵的硬件替换成没有质量问题的其他产品。一家硬件公司会推荐自家最新、最好的组件给客户，但其实修复一个简单的小软件可能就够了。俗话说得好："手里拿着锤子，看什么都像钉子。"

相反，独家供应商就没有推卸责任的机会了。一旦出现问题，自然由独家供应商寻找一个经济高效的整合方案来解决。随着时间的推移，假设双方是健康的买卖关系，健康的互动习惯就逐渐制度化，双方也逐渐习惯联合起来创造附加价值。

然而，尽管优点很明显，但独家供应关系也是一把双刃剑，特别是对买家的谈判者来说，到处都是雷区。原因如下：当对产品或服务的采购依赖单一货源时，力量自然从买家转移到了卖家。这个综合征是由复杂的原因引起的：一部分是出于惰性，一部分是对未知的恐惧，还有一部分是因为错付的忠诚。有时候，影响力杠杆的摆动是由买家无法控制的力量触发的。比如，像政府机构或供应链上游的第三方客户，可能只认证少数供应商，甚至只认证一家。有时，市场损耗耗尽了供应商资源，留下最后一家作为事实上的唯一供应来源。然而，更典型的情况是，采购专业人士受到来自组织内部因素的逼迫，只能进行独家采购：

- **时机。** 当单个投标人能够满足马上到期的完工日期或开工日期，竞争就不存在了。采购团队可能缺乏足够的供应商资质认证时间，无法在截止日期前完成其他供应商的资格认证。
- **工程需求。** 原材料或产品的规格要求太窄，可能会筛选掉除一家合格供应商以外的所有供应商。在极端情况下，买家工程师还会插进一个锁定条件，只有其首选供应商才能满足。因此采购经理被束缚住了手脚。虽然这个产品可能是独一无二的，但它往往只是个主观上的选择，甚至是个低级的选择。

- **既成事实。**经认证的传统产品通常是成熟的设计。如果从零开始与其他供应商合作，人们可能会认为成本过高或耗时过长。这种情况在软件市场上很常见。一旦某个机构采用了特定的数据格式，采购经理若想转换供应商，一定会面临巨大的阻力。

- **仓促。**采购部门还没对供应商表现进行评估就过度承诺，只好给对方独家业务，最终交易进入了死胡同，无法轻易脱身。

- **惰性。**采购经理可能会想："我们一直都是这样做的，所以继续这么做吧。这样大家都轻松。"

- **组织偏好。**内部的业务伙伴：比如工程师、营销人员、高级管理人员，他们侃侃而谈，告诉采购部门卖家 A 才是最佳选择。

上面最后一个陷阱尤其普遍。如果买卖关系是长期的，卖家可能觉得自己即使不是买家家庭的一分子，至少也是家具的一部分。经过多年合作，买家的工程师很自然地会与独家供应商的工程师关系交好，营销人员也是如此，高级管理人员也是如此。即使卖家的表现下滑或者价格抬高，买家在寻找其他选择时也会犹豫不决，并且采购团队可能会因为建议换供应商而遭到指责：我们怎么能这么对待苏珊娜呢？还要想想如果我们换成新人会出什么问题！

在大型公司，这个问题的复杂性又多一层。假设苏珊娜工作努力、反应迅速，只要卖家出现问题，她就能迅速给出解决方案。尽管她非常努力，但她的公司表现不合格。或者苏珊娜升职了，由史蒂夫代替，当人们需要他时，他却永远不会出现。于是双方的关系开始下滑，并且一直下滑，但买家可能不敢向卖家表达其失望感。**买家对一家供应商的依赖会抑制其谈判能力的发挥。**因为双方默认允许争议存在，并渐渐不再争论，所以彼此都不再寻求降低成本和增加价值的方法。

独家供应商带来的问题很少能自行解决。没有人正视问题，被侵蚀的绩效评估标准和被抬高的价格逐渐成为新常态。合作没有限制，就消除了竞争。买家沉默不语、卖家漠不关心，健康的商业关系就会偏离正轨，交易的生产力下降。若不进行创造性谈判，双方都要付出代价。

对危险信号保持警惕

在和独家供应商的谈判中，买家如何才能占上风，至少挽回一点做平衡？他们如何判断什么时候该重新谈判、重新考虑，甚至终止一段关系？买家一开始在对当下的交易续约之前，首先需要做点功课。比如，这家供应商是不是最近失去了一个大客户？他们是不是在市场上销售未经验证的软件版本？新工厂建成后，他们是不是产能过剩了？有没有新的竞争对手出现？

不论是哪种情况，保持警惕是买家解决问题的关键。在与独家供应商，甚至非独家的首选供应商打交道时，明智的买家会对危险信号保持警惕。以下有 3 个红色预警信号需要及时关注：

- **产品过时。** 在竞争激烈的市场中，若不持续地改变产品、调整和改进，就无法适应竞争。如果供应商连续 8 个或 10 个季度交付相同的产品，特别是在高科技、发展迅速的领域，那这一定是供应商开始自满的迹象。
- **活力减退。** 建立新关系后，独家供应商应当是激发新想法的源泉。他们很慷慨地贡献"快乐因子"，积极地为买家提供"好上加好"的方法。但是一旦"蜜月期"结束，他们的热情往往就会冷却下来，不再那么努力了。此时，他们会认为一切是理所当然的。

- **指标落伍。**如果和某家供应商建立的独家供应关系在蓬勃发展，那么产品残次率必然持续下降。供应商会推出各种降低成本的方案来降低每单位产品的价格，服务的响应时间和准时完成率也会不断提高。但一旦绩效评估指标不再变化，就该关注这段关系的状态了。

如果一家独家供应商的表现看起来正在下滑，有个很有效的工具可以进行分析，即白纸分析法或应有成本分析，人们借此可以算出任何产品或组件的真实成本。如果这个独家供应商漫天要价，那白纸分析法就能揭示真相。此外，还有个摸底方法：市场测试。比如，你打算继续与这家独家供应商合作，但想让他们以后在报价时诚实点，那你可以对下一个项目进行招标，到市场上试个水，看看会有什么结果。这里需要注意的一点是：如果投标公司知道你只是测试，他们可能会大肆压低报价让对标供应商难堪，或者用一个短期亏损的价格拿下这个业务。

找出潜藏的力量

有一个不争的事实，那就是买家对独家供应商的控制力实际上比他们以为的要大。每个人都明白，人类总是为自身的需要以及弱点而痛苦不堪，却较少关注别人有哪些压力。买家感到焦虑时，应该问问自己：供应商出了什么状况？客户经理的销售配额有多少取决于我们的业务？上面有谁能给销售员施压？

和任何人都一样，供应商也在努力完成交易。独家供应商与普通卖家也没什么两样，也要竭尽全力保护好现有业务，因此，他们会尽其所能维护好和现有客户的关系。

为了找出潜藏的影响力杠杆，买家可能需要用点战术技巧。几年前的一次研讨会上，我们遇到了一位名叫艾伦的采购经理，他在一家泡沫塑料杯制造公司工作。他在做了几年采购后，终于找到一家可以提供一种特殊化学品的供应商。艾伦告诉我们他有多害怕与那家化工公司的销售员见面。对方每个季度都要提一次价。当艾伦的成本底线遭受打击后，便开始调查供应商原材料的成本。他们发现：原材料成本固定不变，他们涨价；原材料成本下降，他们也涨价。这很令人气恼。但艾伦他们能怎么办呢？到哪里去找别的供应商呢？

后来艾伦想出一个主意，并得到公司的支持。他逐渐增加那种化学品的订单，将过剩的数量储存起来。不到一年，公司就积攒了 3 个月的存货。艾伦准备采取行动。

终于有一天，销售员带着最新报价来拜访。艾伦瞪着报价单，生气地说："又涨价了！好吧，你终于这么做了，你的价格把自己逼出市场了。这个价格太高了。"

销售员吓了一跳："你是什么意思？"

艾伦说："我不能给你下订单。"

"你得给我下订单啊。"

"不，对不起，你的价格太高了。"

第二天，销售员回来了，这么长时间以来他第一次降价。不过，降得也不太多，只不过比前一天的价格下降了 2%。但当下，双方对话的基调已经完全不同了。艾伦感到自己占了优势，所以对自己的观点很坚持："很抱歉，价格还是太高了。我不能下订单。"

第三天，销售员大幅度降价 15%，声音颤抖地恳求道："现在我的价格有竞争力吗？"艾伦根本一句话也没有提到其他的供应商，但因为他有了 3 个月的储备，所以可以虚张声势，没想到这一招竟然成功了。销售员确信一定有新玩家闯入了他的地盘。一个不存在的竞争影响力杠杆，给艾伦带来跟真实竞争一样强大的作用。有多少力量，是个看法问题，非常主观。如果人们相信自己有影响力，并且坚信这一点，那么即使对方更强势，自己也有相当大的机会让对方屈服。

我们再来看看还可以采取哪些策略让买家找回魔力。虽然没有人保证一定会赢，但若举手投降，说："这有什么用？再谈就是浪费时间而已。我不如就按他们的报价成交吧。"谁都能打败这样的人。根据我们的经验，现实中很少出现无条件投降的情况。如果形势看起来毫无希望，也许该坚定决心，开始发挥谈判者思维的作用了。

即使是采取放长线、钓大鱼的战略，也有其战术意义。哪怕只是暗示场上还有其他选手，买家就有机会获得影响力，把卖家推到防御位置。至少，这家独家供应商会被点醒，每一笔交易都有买卖双方，不能只考虑自己单方面的利益。

分享财富。独家供应商给的价格是公平合理的，还是在占便宜？除非买家试探一下，否则无法确定。买家在续签独家供货合同之前，应当彻底审查合同，挑出可以在别处采购的产品。随着计算机辅助设计与制造技术的出现，即使是高度专业化的产品，市场进入壁垒也明显低于过去。至少，第二供应商可以承担维护、培训或安装的辅助角色。假如买家有可能去他处采购，即使是很小一部分业务，也可能激励卖家提高工作水准。

在谈判中准备提出第二供应商计划之前，最好对他们进行成本效益分析。如果他们无法满足买家的产品规格要求或者业内声誉不佳，那么独家供应商可能会直接揭露买家虚张声势的假象，然后很可能他们会发现，这里到底还是他们的地盘。有个通用规则在此处很适用：除非准备好坚持到底，否则不要威胁对方。

有的公司为了对冲赌注，让一家不太成熟的供应商来负责总合同的一小部分。首选供应商遇到急切的第二供应商，没有比这更能让供应商忙个不停的好办法了。规模较小的供应商缺乏规模经济效应，因此价格可能更高，但是他们可能带来新方法、新技术。双管齐下总不是坏事，如同多花点钱买份保险。

同时，买家还要帮助第二供应商在市场上保持活力，以防万一。企业良好发展的趋势，和企业拥有更少的供应商、更少的库存息息相关，因此控制供应链风险、防止可能出现的收益亏空，这是企业决策层的首要任务，一旦主要供应商受到不可抗力的影响，如火灾、飓风和破产，买家便可以继续执行备用方案。即使现在为第二供应商提供的业务数额并不大，但也要可以随时联系到他们。

营造竞争的氛围。比如，现在尚未开始与一家潜在的第二供应商展开合作，但也没有法律禁止邀请他们友好地聊聊天，问问他们的技术进展等，或者在与独家供应商的客户经理开会之前，先安排和潜在的第二供应商开会，这样就可以在那位客户经理的注视下送他们离开。这时独家供应商可能开始担忧了：等等，那些家伙在这里干什么？

自行生产。这是引入第二供应商的另外一种形式。这种策略能带来额外的好处。如果买家打算邀请另一家供应商，卖家定会仔细研究竞争对手，判断他们是否真是个威胁。但是，如果买家要利用自己的内部资源，那他们如何能调查得清楚呢？即便如此，这里也同样要提醒买家：除非已经做好充足准备，否则不要威胁对方，空洞的威胁只会削弱在未来谈判中的信誉。

买下独家供应商公司。这是个重量级的选项。这个做法对规模较小的买家来说有些牵强，但许多企业通过并购实现业务增长，最具竞争力的并购目标，应当是那些具备竞争优势、拥有独特产品或技术的独家供应商。

找到技术替代品。在一个科技光速发展的时代，不时地回顾一下行业发展状态总会有收获。随时可能会出现可以超越独家供应商提供的新技术。像一些颠覆性技术，比如 3D 打印或快速原型开发，可以渗透到任何行业，改变在一夜之间就会发生。比如，酒店业迎来爱彼迎的新经营模式，出租车行业出现优步的业务模式，内容分发产业出现像奈飞（Netflix）这样的制作平台，或者在视频会议业务中，有很多像 Zoom 开发的这样的视频应用软件。即使一项新技术不太符合客户需求，或仍处在测试阶段，如果很可能不久就会出现适用的新技术，买家就能借此向独家供应商施压。

测试二手市场。机器越大、越贵，二手市场就越活跃。至于软件，与此对应的战略是放弃升级，坚持使用旧版本。或者买家可以转向租赁公

225

司，租用同样的机器。无论哪种方式，买家在谈判新项目时，都有机会获得更低的价格。

推迟交易。买家推迟或不确定协议的成交时间，或者只是拖延采购流程，用这种方式通常也可以获得让步。我们的一位客户是一家大型资本设备①的供应商。他们占据了 70% 的市场份额，是典型的重磅独家供应商。考虑到转而与小型供应商合作将产生天文数字的成本，买家被紧密地与他们捆绑在一起，此时供应商似乎掌控着局面。那么为什么他们也需要参加研讨会，学习谈判技巧呢？

原因如下：那些被捆绑住的买家发现了一些玄机：每年有 4 个时间段，他们这个独家供应商一定会面临巨大的压力。如果企业搞砸季度末的业绩数据，那么股价就会下跌，销售员就拿不到奖金。于是买家们欢呼雀跃起来，想出一个"极度缓慢"的对策。他们准备好在最后一刻签署一份大订单，然后找到各种理由取消会面或不接电话，或者在小字号印刷的附加条款上挑出一个小错误。到了 3 月底、6 月底或 9 月底，销售员开始惊慌失措，拿出各种甜头诱导买家及时达成交易。虽然这家供应商没有传统意义上的竞争，因为并没有第二供应商在一旁虎视眈眈，但销售员极其容易受到竞争压力及组织内部压力的影响，他们因此变得慌张脆弱。时间在一分一秒地流逝，这家独家供应商此时变得灵活变通得多了。

全盘取消。在当下的经济环境中，企业面临很多限制因素，因而必须用更少的钱做更多的事。虽然潜在项目很多，但资源有限。即使是拥有数

---

① 资本设备是指企业用于提高生产效率或者进行现代化生产改造的设备。——编者注

十亿美元资产的大企业也有预算限制。人们越来越多地看到企业关闭产品线或者裁撤整个业务部门。因此，独家供货的供应商即使没有任何竞争，也可能面临风险。如果供应商不合理，买家有权离场，去其他地方寻求更好的投资回报。取消交易的可能性如影随形，对买家而言，这成为一个强有力的激励因素。

分而治之。大多数销售代表都会小心地保护自己在企业内的声誉。如果买家在独家供应谈判中遇到阻碍，为了打破僵局，他们可能会越过销售代表去找区域经理、全国客户经理，甚至销售副总裁。在极端情况下，买家还可能要求换一个客户经理来谈判。这些向上诉求的举动会软化供应商的立场，哪怕他们曾经很坚决。即使买家是一个小客户，高层人士也可能用长远的眼光看待这段关系，毕竟如果买家生意失败，所有人都会蒙受损失。在向上诉求之前，买家需要问这些问题：换个人来谈情况会变好吗？他们拒绝我们的要求有多大的可能？如果他们拒绝，那我们有哪些选择？

如果新的客户经理上岗，买家可以提供一些负担得起的让步，让新的关系走上正轨。同时，当他们重回谈判桌时，应该把之前被拒绝的条目一一列出重新再谈。新经理会更易妥协些，因为他们不愿意破坏一段已经存在的关系。

令卖家自我竞争。如果卖家的产品确实是独一无二的，短期内买家可能无法获得更公平的价格或条款。但从长远来看，买家还有很多选择，需要让独家供应商明白这一点。也许这个产品在未来的模型里可以设计出来。又或者，买家可以协助建立一家新的初创企业，或者鼓励战略合作伙伴将业务拓展到这一领域。也就是说，要让卖家自己将短期利益与长期利益对立起来。

这一策略是对谈判协议的最佳替代方案。买家选择这个路线时，需要考虑到终端用户的利益，并且愿意考虑一个备用方案。或许最终他们能想出从未想到过的方案。

平衡影响力杠杆

这个时候，独家供应商策略已经激发出买家的后果性影响力杠杆，给拒绝做出合理让步的供应商带来负面影响。虽然恐惧产生的力量很强大，但这种方法有一个很大的缺点：它可能会损害甚至破坏一段重要的关系。当双方高度信任彼此时，积极的影响力杠杆可以给独家供应商带来更积极有效的影响。促成独家供应商交易的最简单方法是提供更多业务或者签一份长期合同。除此以外，买家还可以提供一些其他好处来吸引对方：

- 加入首选供应商名单，使卖家获得赢取新业务的机会。与之对应的消极做法是不让卖家获得新业务。
- 关照新的业务机会，受青睐的供应商获得保证，使他们有击败低价竞标者的机会。
- 提供准确的产品用量预测，使卖家能够更广泛、更高效地安排生产。
- 双方将分享从联合价值分析或有价值的工程环节中节约下来的成本。
- 介绍买家企业的其他部门成为其潜在新客户，若有机会进入高增长的全球市场则更好。
- 考虑卖家产品线中的其他产品或新技术。
- 营销支持，包括客户推荐、白皮书、案例研究以及网站演示站点。

在对独家供应商使用积极影响力杠杆时，买家并不会无条件地向他们提供"快乐因子"。本着创造性交易的精神，他们希望对方做出让步作为回报。如果卖家回避给出更低的价格或很大的折扣，他们可能会同意某个成本相对较低的交换条件：例如，额外的咨询服务或免费的产品样品。供应商或许会承诺帮助买家更快地进入市场，更快地创造收入，或者由供应商负责管理库存来缩短交货周期，降低买家的库存成本。

哪种影响力杠杆最好？视不同情况而定。有些长期的关系运作得很好，人们只需要胡萝卜；其他情况下，使用双管齐下的方法可能效果更佳。假设买家依赖表现不太稳定的独家供应商提供某种零件，买家可能会说："瞧，我们正在考虑向你们订购与这个相关的零件。但是你们得先做好质量，把价格降下来，否则我们不会订购。"人们在利用影响力杠杆试图进行一次合作态势升级，能否成功视对方的改进情况而定。

胡萝卜与大棒的理想配比取决于买家对独家供应商的评价。有些人真的相信善有善报，就像布拉德·扬和拉赫曼那样；也有些人会将别人的友好姿态视作软弱的表现，结果反而更加顽固。市场的反应可能是衡量双方关系的最佳标准。如果卖家在一段时间内持续提供额外价值，那就是积极的影响力杠杆在起作用；如果他们持续提高价格而不增加价值，那可能就是另一回事了。

无论是哪种情况，和独家供应商的谈判都不像看起来的那样毫无希望。买家需要提醒自己，他们一直都有很多筹码，记住这一点有助于他们保持积极的状态。作为回应，独家供应商会更愿意停下来认真思考，并且带着更坚定的信念进入谈判。

创造性谈判指南

- 独家供应商的存在可以降低交易成本，强化问责制，并且最大限度地开展创造性的公平交易。

- 在独家供应商关系中，议价优势很自然地从买家转移到卖家。买家需要直面独家供应商出现的问题，才能维持双方的长期关系。

- 为了维持买卖双方的平衡关系，买家可以利用影响力杠杆保证独家供应商的供货质量。

Creative
Conflict

第12章

组建创造性谈判团队

在团队讨论中，
提出有价值的问题
比寻求解决方案更重要。

Creative
Conflict

　　创造性谈判是一项团队合作活动，只有团结互助才能开花结果，这一点在内部协商中体现得最明显。如今交易的内容从简单的商品交付转向复杂的解决方案，其中包含越来越多的不断变化的因素。比如，买家拿到一笔预算来更新企业的计算机硬件，这是一回事；而评估一种新系统如何融入企业传统的软件，估算其性价比、相关的网络需求及其未来 5 年内的发展变化，这又是另一回事。当涉及组织的支持、专业知识、投入以及反馈时，利益相关者的看法是非常重要的，他们能引导谈判者寻找新的方案，提醒他们以组织范围内的优先事项为目标。

　　如今，只派一位采购代表参加谈判是很少见的，通常至少要有两位相关事务的专家加入，外加一位工程或 IT 方面的技术专家，其他方面的人员在实际谈判之前的规划阶段已经提出过意见。组建一个跨职能的"老虎团队"（ tiger teams ）[1]，非但不会削弱谈判者的力量，反而可以提升他的权威和效率。

---

[1] 老虎团队，原是军事用语，现在通常是指针对某个难题或紧急事件临时成立的项目团队。——译者注

团队谈判是集结组织的内部资源和外部资源以搭建沟通渠道的过程。
为了向对方提出强有力的方案，他们需要调动组织内部的各种资源。据美国专栏作家詹姆斯·索罗维基（James Surowiecki）在《群体的智慧》（*The Wisdom of Crowds*）一书中所说，在任何兼具复杂性和不确定性的领域，从实质上说，群体的智慧总会高于个人的聪敏。从关注期货市场到超级碗的投注线，一个高效的团队做出的决策比任何单独的专家的决策更好，例如 SARS 病毒的发现，便是由 10 个国家的 13 个科研实验室共同努力的成果。索罗维基在书中写道：

> 这就是为什么要广撒网、坚持群策群力的原因，尽管不能保证，但可以提高人们做出明智决策的可能性，对大多数事物而言，平均相当于平庸；而在制定决策时，平均往往等于卓越……只要条件合适，不完美的人也可以创造近乎完美的结果。

同样的现象也会出现在商业谈判中。如何设定目标价格？如何将己方资产与对方需求进行匹配？一个跨职能组建的团队可以比某个技能娴熟的人做得更好。不过，并不是说任何事都一定要让很多人一起做。索罗维基也指出，并非所有的群体都有足够的智慧，要想一个群体有效、可靠地行动，他们必须具备 3 个基本要素：

- **多样性。**如果群体的成员过于同质化，他们"很难做到持续地相互学习，因为每个成员贡献的东西会越来越少"。理想的谈判团队既要横向跨越组建，比如跨部门，又要纵向跨越组建，比如跨层级。
- **独立性。**意见分歧可以增加决策的价值。"你可能带有偏见，缺少理性，但只要你有独立的意志，就不会让团队变蠢。"索罗维基说，"若想团队做出成功的决策，一个关键因素是让人们少关注别人的言语。"为避免从众思维，必须培养独立自主的文化。

- **去中心化。**一个去中心化的团队能产生更多样化的观点。索罗维基和亚当·斯密认为，去中心化还能培养专业化，这"会让人们有更高的生产力和效率"。索罗维基还认为"一个人离问题越近，就越有可能找到解决问题的好办法"。

这些观点该如何应用到实践中？举个例子：在谈判前对一个低价投标供应商进行调研时，工程部的乔去找供应商工程部的同行聊一聊；市场部的凯特去接触一下上一年与该供应商合作过的对手公司；法务部的伊莱恩梳理诉讼纠纷记录，看看他们过去是否发生过诉讼，或是否有其他值得注意的事件。团队成员各司其职进行侦察，多样性、独立性和去中心化这 3 点正是做出明智团队决策的 3 个基本要素。

团队通用指导原则

跨职能组建的谈判团队，通常由组织的首席对外谈判代表来领导，一般是采购经理或客户经理。但在内部协商项目中，项目经理可能承担领导职责。虽然高效的领导力风格多种多样，但以下是一些通用的指导原则：

组织谈判前会议。如果一个团队第一次碰头就直接开始谈判，不要指望团队成员明白谈判是怎么回事，有人甚至可能无意间为对方说话！先内部协商，再外部谈判，谈判前会议必不可少。

合理地包容。团队中各成员能代表的利益群体越多，越能在组织中获得更高可信度，索罗维基称作"社会性认同"或"如果很多人正在做某事或相信某事，他们一定有很好的理由"。三个臭皮匠抵得上一个诸葛亮，八个、十个臭皮匠也抵得上两个、三个诸葛亮。高效的团队领导者会招募拥有不同技能的人才，既有创造能力强的人，也有注重细节的人，尽管这两种类型之间可能存在摩擦。

肩负起使命。为了取得组织内部的认可，团队领导者必须为交易的目标设定一个清晰的愿景。他们可能先进行内部协商，确定各自部门的需求和公司的整体需求。只有当大家都明白，各自的既定目标必须通过集体努力方可实现，团队才能更加团结一致。

要说服，不要命令。有经验的领导者既坚持自己的立场，也对新想法持开放态度。讨论时不要独断，要让大家畅所欲言。正如索罗维基所说："在一群人中，如果你说了很多话，人们差不多会默认你很有影响力。"并非每个人天生擅长说服别人，不过承蒙罗伯特·西奥迪尼的建议，人们都可以试一试以下方法：

- **交易之前先了解市场。**
- **求助同辈人去横向影响他人，而不是自上而下地下命令。**万一有资历深厚的团队成员不听指导，请向某个受人尊敬的资深前辈寻求支持。
- **分享独家信息。**如果你说："我今天刚听到这个消息，它要到下星期才会公开。"你就能引起利益相关者的注意。

以书面形式制定谈判策略，需要分清楚哪些是组织"希望获得的东西"，哪些是"必须获得的东西"，一个是完美的结果，另一个是决不退让的底线。这两者经常被混淆。人们可以借助价值梳理清单，思考以下问题：

- 我们最想得到的、最能满足所有需求的方案是什么？依此设定团队的目标成果。

- 我们能接受的最差方案是什么？团队成员一定要知道，什么情况下应当放弃交易。

- 我们的最佳替代方案是什么？

- 我们的影响力如何？我们的弱点在哪里？

- 我们应当争取最晚在什么时候达成交易？

- 我们的预算是多少，钱从哪里来？如果需要，我们可以从哪些部门获取资金来源？

明确的角色分工。会场上发言代表过多，会导致信息混乱或者削弱己方力量。谈判时由谁来开场？对方发言结束后，谁来跟进提问？谁只负责观察而一言不发？另外，在谈判前：谁负责剖析交易的技术方面问题？谁去调查供应商或客户的过往历史？给团队成员分配具体的任务，让他们更多地参与进来，他们也会对项目更负责任。

不要以为人人都明白。最出色的团队领导者会在外部谈判开始前几星期安排一次谈判前会议。他发给每人一份详细的议程，制订具体的行动计划，规定谈判过程中何时发言、何时不能发言，他将发怎么样的信号，等等，这样的话，如果对方提出新问题，大家就知道如何回应，而不是依靠临场发挥。之后，他对团队展开训练，让成员一一描述制定好的策略。对外谈判开始后，他也会频繁召开团队会议，维持好统一战线。充分准备，不要抱侥幸心理。

建立一种谈判文化。为了从群体智慧中获益，老虎团队需要真正的决策权。为了实施创造性谈判，团队领导者需要激励成员表达不同意见，并且鼓励辩论。不要在意每个人的职位。格兰特指出："不同意见即使是错误的，也很有用。"不同的想法破坏了共识，却常能带来新颖、出色的解决方案。有时候，某个不同的想法说不定最终会被证明是正确的，但只有团队成员不断地辩论，才能搞清楚这一点。

创造环境让大家不怕被嘲笑。如果团队成员不太自信，害怕冒犯大家，那么人们肯定不会听到不同的观点。如果只有某一个人提出反对意见，他一定感到恐慌。耶鲁大学管理学院的海迪·布鲁克斯（Heidi Brooks）认为，高效的团队领导者"言行一致"。他们自己会先提出与众不同的想法，鼓励其他人效仿。他们抛砖引玉，鼓励大家自由发挥、畅所欲言。最重要的是要为实验思维创造一个安全的环境。他们避免做出否定的判断，比如："那肯定行不通。"相反，他们可能会这样回应："这个想法很有意思，如果我们稍微调整一下，这么办，会怎么样呢？"

保持谦虚的态度。在为自己的立场进行有力辩论的同时，团队领导者必须敞开胸怀，虚心接受更好的想法，无论它来自哪些人。一个团队领导者用3个简单的字就能赢得尊重："我错了。"第三十三任美国总统杜鲁门说得最好："当你不在乎谁获得荣誉时，你就能取得了不起的成就。"

不要急于寻求解决方案。研究表明，创造性谈判在团队早期的讨论中最有价值。格兰特指出："当团体每个成员提供的信息都不相同时，需要先深入调查，再形成决议，意思是说，在寻求解决方案之前必须先提问。"开谈判前会议时，团队领导者需要先引出问题，再给出答案，在做出决策之前要先征求意见。

团队合作的好处

采取团队合作的方式进行商业谈判，可以带来很多好处，包括以下这些：

- **拓宽能力范围。**团队利用的是集体智慧，而不是由个人决定一切。大家对团队领导者的选择提出合理的质疑："你为什么定这个价格？为什么不定得更低些？"或者："这是个很有力的说法，但是你还没量化我方的价值。"通常最厉害的一些专家是从组织内部选出的，也有些团队成员或许是从外部请来的。不管怎样，这些人的智慧能让团队领导者的主张更加可信，即使在遭到对方的攻击时，也能让己方坚定不移、理直气壮。比如，一家建筑公司可能会邀请一位谈判专家参加谈判，确保谈判按计划推进、团队临危不乱，或者邀请一位建筑师、一位很懂材料的供应商加入谈判团队。选择最佳成员时，应当符合索罗维基提出的 3 个基本要素：多样性、独立性和去中心化。不要忽视组织内部的高级管理人员，他们可以提供一个纵观全局的视角，比如他们可能知道还有 5 个其他项目与这个项目有重合之处，这将影响人力资源和预算的分配。不过，选择高管加入团队时要小心：如果高管滥用职权，压制他人的不同意见，那么团队将会失去集思广益的优势。

- **制订的计划更妥善。**这种团队结构，除了能提供更多资源外，还能促进所有成员更加同心协力地一起制订计划，防止拖延。成员间彼此负责。由于准备时间更长，且众人共同商议方案，谈判团队的领导者得以调动会计、工程和研究等各个部门的资源分析对手的需求，判断其达成交易的紧迫程度。

- **更坚定地承诺达成目标。**实验表明，与自己设定的目标相比，人们更致力于达成与他人共同设定的目标。在大家的集体支持下，客户经理不太可能动摇、打破事先商定的底价。如果另一方质疑，首席谈判员可以说："等等，这听起来是可能的，但是我要先跟我的同事们讨论一下，然后才能回答你。"团队就像一张安全网，在首席谈判员摔倒之前将其接住，或者及时地纠正："等一下，乔，我们不能那样做。"即使队友一言不发，但因为他们在现场，首席谈判员也不太可能一时冲动而犯下大错。再不然，还可能有人在桌底下踢首席谈判员的脚示意。

- **适当地卸下重担。** 没有什么比马拉松式的谈判更让人筋疲力尽的了，尤其是临近最后期限时。如果精力不济，此时首席谈判员就会很感激有其他人能适时介入，短暂代替。

- **更有效地倾听。** 当首席谈判员负责所有的谈话时，有可能一时间忘记自己在说什么，或者偶尔分神，错过了对方的一个漏洞。日本的商业团队有个很好的示范：他们指定专人负责倾听和记录。在后续谈判中，书面记录就能比那些无法证实的回忆发挥更重要的作用。当然在内部协商时也可以做记录，这样可以确保精彩的想法不会最终落空。

找漏洞的"魔鬼代言人"

16 世纪，梵蒂冈为一名精明的教会律师创造出一份新工作，相当于文艺复兴时期的政敌调查，工作内容是从已被公开报道的圣迹中寻找漏洞，或者通过抨击人的品性来反对其被封为圣徒。由于这位"恶魔的拥护者"与"上帝的拥护者"公然对峙，因此他被称作专门抨击人们信仰的"魔鬼代言人"（Advocatus Diaboli）。

尽管人们都知道每件事都有两面性，但谈判者往往会执着于自身立场，这是人们的无意识系统导致的问题。人们爱上自己的想法，并积极寻找论据佐证这些想法。人们不理会自己的逻辑存在的漏洞，对自己的想法深信不疑，屏蔽外界信息。问题是：如果人们一直不正视自身的问题，那就会将弱点暴露给对手，因此很容易遭到攻击。

现在来谈一谈现代版的"魔鬼代言人"，一个对冲突场景进行模拟演示的团队成员。麦肯锡公司对这个职能进行总结，并将其重新定义为一种管理艺术形式。麦肯锡的顶级谈判专家曾告诉我们，他们为客户提供"战争游戏"的业务。他们在听取公司采购人员的想法后，开始打击他们，直至体无完肤。就像参加大学辩论赛或者模拟上法庭一样，麦肯锡的谈判专家通过这样的练习，让受训者在真实谈判开始前暴露出所有弱点，从而让他们有时间修正调整、重整旗鼓。

计划是把搜集到的事实证据和数据准备妥当，筹备是在对方攻击自己精心准备的内容时，自己应该如何应对，两者之间有很大的区别。筹备是自满情绪的最佳解药，它能推动团队成员找出领导者的谈判方式方法中的薄弱环节。卡尼曼将美国心理学家加里·克莱因（Gary Klein）视作自己的"对立的合作者"，但卡尼曼在《思考，快与慢》一书中称赞了克莱因使用的"事前检验法"（premortem）：

> 事前检验法的程序很简单，当该组织快要做出一项重要决议，但尚未正式做出承诺时，克莱因建议把了解这项决议的人召集在一起开个短会，开会的前提是只做一次简短的演讲："想象一下，我们现在是在一年后，我们已经实施了现在计划。结果是一场灾难。请花 5 分钟到 10 分钟写下关于那场灾难的简要情况。"

有效的"魔鬼代言人"也需要运用谈判者的思维方式。他们必须设想对方会拿什么来攻击自己，最好是让他们开启谈判过程，让大家进行更广泛的思想交流，以全新的方式看待交易，并考虑一个更具创造性的、对双方都有利的结果。

团队谈判时的注意事项

尽管团队谈判的回报远远大于风险，但作为团队的一分子，其成员表现在谈判中也并非毫无缺陷。想一想下面这些不利因素。

团队成员的共同点少。 精英管理形式不是自由散漫的民主管理。人们要竭尽全力寻求最好的想法，而不是达成平平无奇的团队共识。如果团队领导淡化分歧，有助于产生创造性结果的摩擦就会减少；如果让每个人都开心，团队就无法创新或增加价值。正如索罗维基指出的："寻求共识，温和地鼓励人们提出共同点最少的解决方案，尽管这不会冒犯任何人，但也不会让大家兴奋。"

领导表现得无所不知。 当团队领导专横、脸皮薄、报复心强，或者过于草率，其他成员便不愿去质疑领导的观点。此时大家优雅地遵循社会规范，将合理存在的不同意见掩藏起来，"和睦相处"。这种等级制度极其腐蚀群体的智慧。

团队成员在谈判场上不团结。 每一次团队谈判中都会出现这样一种情况：创造性谈判所需的发散性思维必须屈从于趋同行为，即形成统一战线。如果团队成员间意见各不相同，而自己正在与对方进行激烈的较量，那就有麻烦了；而万一成员间不仅意见不同，而且脾气暴躁，那就更加麻烦，对手会因此提高期望，并且更有耐心争取更有利的结果。

　　假如自己是卖家的团队领导者，买家问："那么你们做这个改变需要多长时间，需要多少成本？"不等自己提出休会讨论一下，自己团队的技术专家就脱口而出："大约 3 个星期，10 万美元左右。"或者他自告奋勇："哦，那根本不费什么劲，我们直接做，星期一之前就能完成。"他可能对定价或交付安排没什么概念，要想纠正他会很难。一个团队如果纪律不严明，就会丧失影响力杠杆的应有作用。

　　团队内的"魔鬼代言人"过于软弱。 在美国 1991 年的一部喜剧电影《保卫你的生命》（*Defending Your Life*）中，艾伯特·布鲁克斯（Albert Brooks）饰演一位名叫丹尼尔·米勒（Daniel Miller）的广告公司主管，他正要去新公司谈薪水。去谈薪水的前一天晚上，他请妻子来帮他准备。

　　妻子：你想让我做什么？

　　米勒：扮演那个新领导。

　　妻子：这么做太傻了。

　　米勒：不傻，对我有帮助。你决定给我 5.5 万美元薪水，一分不能多。

　　妻子：您希望的薪水是多少？

　　米勒：您能给我多少？

　　妻子：5.5 万美元。

　　米勒：少于 6.5 万美元我不干，抱歉。

　　妻子：我给不了你 6.5 万美元。

　　米勒：那我不能来这里工作。

　　妻子：5.8 万美元。

　　米勒：6.5 万美元。

妻子：5.9 万美元？

米勒：6.5 万美元。

妻子：6 万美元？

米勒：（加强语气）6.5 万美元。

妻子：6.1 万美元。

米勒：我说清楚点儿，低于 6.5 万美元我不接受这份工作，无论如何都不行。

（第二天下午，米勒走进办公室去见未来的领导。）

领导：米勒，我打算给你 4.9 万美元。

米勒：（伸出手与对方握手。）我接受！

领导：（惊喜）我去给你申请个车位。

米勒：（沮丧，知道自己谈砸了。）好吧。

　　米勒和妻子演练时很熟练，但到了紧要关头，他无法捍卫自己的立场。格兰特也提到了这种练习不成功的场景："谈判者要想抵御对方团队中'魔鬼代言人'的诱惑，就要在练习时真正相信自己所代表的立场，并且其他团队成员也需要相信这一点。"米勒的妻子在角色扮演时，并不相信自己要说的话，结果，米勒带着虚假的信心开始了真正的谈判。这是谈判时致命的不利因素。

　　验证性偏见抹杀群体智慧。验证性偏见，即下意识地搜索支持自己意见的资讯的倾向，这种倾向会抹杀群体智慧。举一个悲惨的例子，在 2003 年，美国哥伦比亚号航天飞机发生空难。航天飞机在发射升空后不久，一块泡沫材料从外部燃料箱表面脱落，击中了航天飞机的机翼。美国国家航空航天局的任务管理小组与其领导人论调一致，驳斥了泡沫撞击可能致命的说法。因此，一些高风险但似乎可行的方案，比如潜在的救援任务方案或在轨维修方案甚至都没有被考虑在内。哥伦比亚号在返回时解体，7 名航天员全部遇难。索罗维基说，任务管理小组的表现可悲地说明了小团体是如何做出错误决定的，团队的成员不是着手研究证据并努力得出结论，而是走向了相反的方向……即使任务管理小组成员讨论了哥伦比亚号真的存在问题的可能性，他们坚信没有故障，这限制了讨论，令他们未能重视与其意见相左的证据。

当人们依赖共同的假设或遵从僵化的系统安排时，新想法的产生就会受到阻碍。谈判团队不能提供万灵药。有研究表明，"无论是在个人关系还是在群体中，都存在一种缄默不语、隐匿差异的倾向，我们害怕因为与他人不同而失去地位甚至遭到排挤……群体的其他成员希望我们做什么，我们就做什么；别人希望我们说什么，我们就说什么。"

团队成员的口不择言会导致谈判的失败。一个团队里，谨慎行事的必要性显得更加紧迫，因为从准备阶段到真正的谈判，这期间可能会有更多的信息泄露，罪魁祸首往往是那些聪明、能干、忠诚，却没接受过谈判训练的成员，其中以工程师们最为突出。如果他们喜欢供应商的技术人员，可能会在不经意间说出这样的话："你们竞争对手的产品根本不行。"或者："恭喜，你们是唯一通过验收测试的人！"或者："真是谢天谢地，你们要与我们一起工作了，你们是唯一能在最后期限前完成任务的人。"他们只是想帮忙，但永远不会想到自己的影响力杠杆被自己破坏了。

为了避免信息泄露，团队领导者可以强调谨慎行事的必要性，要求成员们向各自的部门传达："对方对我们公司的业务了解得越少，对我们越有利。"这并不意味着大家都不能与对方相应部门的同行交谈了，而是说他们需要有战略性思维，有选择地向对方透露信息。

　　然而，团队领导者可能会要求成员盘问出对方的信息。几乎所有人的信息可能都有用，甚至包括行政助理的。在谈判开始之前很早就要开始这个工作，在对方还没警觉发现之前。打探信息可以在一起吃午餐时进行，问一问对方公司的销售预测情况怎么样？对方为这个领导工作多久了？对方公司现在生意怎么样？这些看似无关紧要的问题将来可能带来非常可观的回报。只要小心谨慎，搜集数据信息这个策略也可以通过团队来实施。

创造性谈判指南

- 创造性谈判团队有 3 个共同特点：多样化、独立性和去中心化。

- 在与对方接触之前，必须先进行团队内部协商，明确角色分工，制定团队战略。

- 创造性谈判团队的领导者坚持自己的立场，同时也会为不一样的观点创造一个自由表达的安全空间。

- 为了应对对方的攻击，在练习时指定一名"魔鬼代言人"，找出己方团队的漏洞。

- 当团队从计划转到实际谈判时，要确保团队成员意见一致。

Creative
Conflict

●

第13章

将内部障碍转化为机遇

在内部谈判中，
人际关系最重要。

Creative
Conflict

我们接触过许多客户，他们的经验是，在大多数组织中谈判的绝大部分时间和精力，有多达 70% 都花在了组织内部。无论何时，人们与领导的会面都是一场非正式的谈判。有时候与直接下属或其他业务部门的同事的谈话看似无意，事实上也存在谈判的意味。这些情况下的谈话缺少条理，很难准确判断应当使用哪种谈判模式。或许人们为了解决一项紧急事件而与他人讨价还价，同时也是在寻求一个对双方都更有利的长期方案。

虽然对内的谈判中会有各种不确定性，但不变的是：人际关系最重要。 本星期内与你打交道的人很可能第二个月甚至第二年还在这里，在公司内部树敌于人鲜有好处，短期内的任何回报都不值得冒这种险。

在现代的工作场所中，除了自上而下的层级体系，还存在很多跨部门的横向联系以及不同部门之间的间接联系，工作的方式已不再总是上令下行，而是双方必须达成一致，而达成一致便需要先进行协商。如何解决问题，让双方都受益，并且让整个组织也能受益？如何达成一个对双方都有利，甚至对所有人都有利的交易？创造性谈判正是应对这一变化的核心解决方案。

人们可能会认为内部谈判面临的压力应该比外部谈判的小，这貌似合乎情理。毕竟，人们有可能很了解对手，可能还把他们当作朋友，毕竟双方是在同一家公司工作，同舟共济，目标一致。双方达成一致，应该一拍即合。

事实上，对内的谈判可能反而最困难。无论自己是买家还是卖家，都必须把自己的策略推销给跨职能团队的成员以及其他业务部门的负责人，更别说最高管理层了。对于采购经理和客户经理来说，获得内部认可是一项不成文的职责要求。仔细想一想，需要获取哪些内部人员的认可：

- **工程／技术部。**这些专业人士向来关注产品的规格要求，他们会盯着他们的黄金标准，追逐那些精湛的技术，然后说："等我们选好了我们想要的人，就去签合同。"
- **财务部。**他们是预算的把关人，会提醒注意支出。你花了好几星期时间找到一家最合适的供应商，结果却听到他们说："财务上的影响太大，换一家吧。"
- **法务部。**他们也被称作销售预防团队。他们完全有能力无限期地拖延合同，提出对本公司更有利的条款和条件迫使客户接受……或者消除哪怕可能性最小的责任。
- **市场部。**市场部的同事可能会说："既然我们要宣传，你必须提供我们需要的东西。"
- **高层管理人员。**管理者会说："我在 ABC 公司的朋友刚刚打电话来抱怨，说他们在投标过程中没有得到公平对待，还说我们选择 XYZ 公司是大错特错。"

关系越近，谈判越困难

双方关系越近，谈判就越艰难，尤其是双方曾经有过一段曲折的历史。过去影响了现在，阴影笼罩着未来，哪怕只有一次失败经历，不管过去了多久，都有可能让人们的内部伙伴找到机会偏离关系轨道。脱了轨的关系，就会像爱德华·阿尔比（Edward Albee）[①]在剧本里写的那样发展：

> 你总是不跟我商量就做决定。
> 而且是你总是耽误演出。
> 你为什么老是唠叨这个？

用戴维·布鲁克斯的话说，每个组织里都有外部人，他们往往条件反射式地对人发脾气，公开与人对抗，破坏力极强。所以大多数进行内部谈判的人，都或接受冲突或回避冲突，这也是一般的谈判者常犯的错误。他们要么屈服，要么放弃。假设人们和同事经常一起吃午饭，或者同在公司的垒球队打球，大家相处得像一家人一样，谁会愿意闹矛盾？出现分歧时，社会规范要求人们忍耐，尤其是知道对方性格敏感或脾气暴躁时。为了避免挫伤某人的自尊心，人们在还没争辩出结果前就会停止争论，双方都沉默不语，僵持不下。各方都对对方不满，更为糟糕的是，双方都不愿公开表达不满。

有位从事采购的专业人士坦白："我更愿意与供应商打交道，不愿意与公司内部的协议执行人打交道。如果我惹恼了供应商，并没什么大不

[①] 爱德华·阿尔比，美国著名剧作家，曾 3 次获得普利策戏剧奖。——译者注

了，我的工作性质就这样。但是如果我惹恼了协议执行人，他们会有办法报复我。"为了避免冒犯别人，人们选择回避棘手的问题，比如交易的落实执行或交易后的责任划分。他们一下子变成了乐观主义者，总把事情往好处想。

我们已经谈过回避冲突是如何抑制了产生增值方案的，在组织内部，这种做法还影响了组织的诚信。在网络泡沫顶峰的时候，瑞士泰科电子（Tyco）、美国安然能源（Enron）、美国世通通讯（WorldCom）、美国安达信会计事务所（Arthur Andersen）等公司丑闻缠身，他们的董事会因过度一致地掩盖丑闻而臭名昭著。《哈佛商业评论》发表了一篇广受好评的文章，作者莱斯莉·珀洛（Leslie Perlow）和斯蒂芬妮·威廉姆斯（Stephanie Williams），共同谴责人们的含蓄文化：《沉默是金？这种态度是否在毁掉你的公司？》（*Is Silence Killing Your Company*？）

人们常说沉默是金，这种社交美德被我们的生存本能强化了。许多组织以语言或非语言的方式传递了一种信息，那就是要想保住工作和职业发展前途，与大家步调一致是最安全的做法。

但是，是时候告诉大家沉默不是金了。我们的研究表明，遇事沉默不语的态度不仅在组织中普遍存在，还会令组织和个人付出高昂的代价。我们对众多组织，从小微企业、《财富》500 强企业，到政府机构的高层管理人员和员工进行过采访，结果表明，遇事沉默不语，会在心理上给个人带来高昂的代价，他们会产生羞耻、愤怒、怨恨等情绪，若这些情绪得不到及时发泄，会损害人际交流、扼杀创造力、破坏生产力……

沉默不语的行为可能是对公司造成严重损害的欺诈和渎职行为。很多时候，那些选择了闭口不言而不是直言不讳的人，是造成产品缺陷、流程脱节和决策失误的原因之一。打破沉默是金的误导，可以激发来自组织各个层面的新想法，这些想法或许可以将组织的绩效提升到一个全新的水平。

本章内容的目的是帮助人们将内部的障碍转化为机遇。一开始人们要树立一个新的目标。

在对外谈判时，明智的做法是从讨价还价模式开始，然后根据需要使用关系导向模式。而在对内谈判时，应该从一开始就使用关系导向模式，这种做法的重点在于建立起组织内部发展长期战略联盟的纽带。如果后来发现对方不可靠或没有准备，人们往往仍可以回到不予对方足够信任的模式，此时也不会造成很大伤害。

以前我们说过，关系导向模式下竞争依然存在。不过，竞争不等同于斗争。要说互谅互让，内部谈判者是典型的互利者。在一定程度内争取利益、要求回报是合理的做法。与所有的关系模式一样，内部谈判者也必须保持警惕，跟进、实施协议并且监督实施过程，确保对方诚实守信。

强大的内部关系不会自发产生，必须用心培育。若走捷径、急于求成，必将付出高昂代价。有一次在我们的研讨会结束后，一位微软工程师来找我们，坦诚地告诉我们："您看，我工作速度很快，效率很高。要是有人来向我求助，我也会帮他们。多年来我一直是部门里的佼佼者，但是总有不如我的人比我先升职。现在我意识到，这是因为我从不积极与同事发展关系。我以为只要自己工作能力强就够了。我从没想过要去了解别人在做什么，也不关心我们的关系如何。"

内部谈判的雷区

内部谈判充满雷区，无论是销售方还是采购方皆是如此。

陷入困境

对外谈判时，人们讨价还价，或者敲定某些条款和条件，都很清楚自己在做什么。但是以下这些情况呢：

- 我与运营部联系过了，他们说客户提出的那点小改动，他们做不到。
- 我在走廊上遇到了法务部的琼，告诉她我们的通用条款和条件得灵活些，不然我们肯定签不了这份合同。
- 刚收到营销部的电子邮件。他们打算提前一个月开始宣传活动，所以希望交货日期能提前。

人们一般会认为这些都是同事间的日常交流而已，事实上上述每个例子都是一次谈判，是一时兴起、缺乏条理的谈判。如果没有认识到这一点，可能就会失去增加自身利益的机会，在无意中陷入被动。

优先事项和制约因素

即使所有人都认同组织的目标，在如何最优地实现目标、最关键的事情是什么等问题上，每个人的看法也不相同。分别了解各人从交易中想获得什么，谈判技术上很难实现。而满足各种主观需求、让人人都满意，就更难了。

对外谈判的人员与其组织内部的利益相关者之间存在分歧，是因为各自的绩效衡量标准不同。实质上这是个筒仓效应（Silo Effect）[1]问题。对采购经理而言，关键绩效指标通常是以价格为基础的成本节约。而运营经理的业绩按产出或者运行效率来衡量，价格再优也与他无关。各种不同的指标如何才能同步？高层管理人员采用加权的方法就能实现。除了购买价格，买家还应考虑交货是否准时、支持服务、产品残次率、延期付款条款以及其他纳入总体拥有成本的所有因素。然而，在现实世界中，任何一笔交易中的成本和收益都不会对等。有些利益相关者可能需要做出额外的让步，相信对方会在下次交易时多加考虑自己的付出，这便是健康合作关系的与众不同之处。

面临尖锐的分歧时，组织内部的利益相关者可能希望弱化冲突，只要稍微有点利益就同意协议，希望以后再去解决问题："好吧，你给我什么我都接受，只要别再纠缠了。"也可能直接对抗："答应我的条件，不然我就去找你的领导。"不管哪种应对方式，最终都将错失创造性谈判的机会。

意料之外的后果

只要对外谈判不再是简单的利益互换，而是进入了更高阶的创造价值模式，就有可能收到来自组织内部的反对意见，谈判双方皆是如此。有些在执行团队看来易如反掌的决定，可能在数个层级之下，在最直接相关的部门或人员中造成巨大的破坏。如果他们没有对这项交易提出意见，其后果很有可能波及甚广。

例如，经过一番谈判，你的供应商同意你在项目各阶段开始后 15 天内支付进度款，但是你公司负责应付账款管理的经理说："你在开玩笑吗？我

---

[1] 筒仓效应，指组织内部缺少沟通机制，各部门像一个个筒仓独自为政。——译者注

们的付款事项都是由一个自动支付系统来执行，现在我必须指派一个人来追踪这家供应商的情况，专为他们创建一个手动支付系统。这太没道理了。"

或者，你拿到一个好价格，节省了很多成本，也帮了供应商的忙，同意他们采用不同的包装和分送方式。但是没有人询问过零售店经理的意见，于是有一位经理回复了一封言辞激烈的电子邮件："你可能没有想到，现在我们所有员工轮班都忙不过来。并且现在员工需要再培训，给我们的额外支持在哪儿？有人想过吗？"

采购部每年都要同时进行多笔大规模交易，而他们下一次升职或加薪可能取决于某一次的结果。一旦签订了合同，他们会接着处理下一笔。而对他们的利益相关者来说，情况就不同了，这些人必须接受、执行交易的结果，更重要的是，他们的业绩由此衡量。如果采购部做出了错误的选择，他们的部门可能会受到影响，因此利益相关者与采购部的关系必定存在冲突。

既成事实的合作关系

有些交易涉及重复的业务，在交易实施过程中，买家的协议执行人会与卖家的对应部门建立起密切联系，有时候过于密切。买家盲目认可这种由来已久的合作关系，甚至被迫签署协议，这种情况并不少见。这类交易往往缺乏协同效应，缺少综观全局的解决方案。遇到紧迫的截止日期，往往让买家很少有余地，甚至毫无余地对协议修改或做些变通，所以人们常听到买家抱怨："他们昨天就决定要用这东西，今天才来告诉我。"

"你不用知道"

守旧的协议执行部门仍然用 20 世纪的眼光看待采购工作，他们认为，采购工作的流程，就是协议执行人设计好交易内容，而采购部只是完成签字盖章这些操作细节而已。他们可能会隐匿信息以保留权力，或者等到采购部搞砸后再介入、挽回败局。"我们一直都是这样做的，"他们会如此告诫负责采购的专业人士，"没有别的办法。你不懂。"这种既成事实的合作关系若是成为惯例，可能给组织带来长久的损害，一旦有人激流勇进，最终战胜了他们，他们能将买家连同公司一起打垮。

结交盟友的 5 个计划

我们再回到第 7 章关于瘦客户端 - 服务器的那场谈判。在国际分销集团的采购专员杰克逊与高性能系统公司莱斯莉面谈的两天前，他已经决定答应她的方案。不过，按规定他必须先去跟刚晋升为网络经理的罗丝商议。他很快发现，自己的这位内部客户对交易有截然不同的看法。

杰克逊：罗丝，有 5 家公司回应了我们的招标书，我们对他们进行了很长时间的研究、考察。经过分析，我们认为高性能系统公司是目前的最佳选择。他们产品质量高、交货准时，有长达 10 年的良好业绩记录。他们的服务也是一流的。如果接受他们的投标，我们都可以高枕无忧了。

罗　丝：天哪，你开玩笑吧？你看到他们的价格了吗？瞧，我碰巧对局域网略知一二。像古恩努夫公司（Good Enuf）[①]就很好。他们能提供让我们非常满意的产品，但价格要低很多。

杰克逊：哇，听到你这么说我很吃惊。恕我直言，恐怕我不能同意。古恩努夫公司很年轻，我们这个项目对他们而言太庞大了。

---

① 古恩努夫公司，是杜撰的公司名，字面上是还不错的意思。——译者注

另外，运营部门的琼非常想要高性能系统公司的那块仪表板，她说有了那个功能，她的工作会轻松很多。

罗　丝：我喜欢琼，但这不是由她决定的事。我们不需要那些华而不实的功能，坦率地说我们也付不起。我们最多只能出 30 万美元。

杰克逊：我不敢肯定用这个价格能找到一家可靠的供应商，你的工程师们不是最看重性能可靠吗？

罗　丝：瞧，现在我是你的客户。我很感谢你的建议，但我们都知道你过去的技术采购工作出现过问题，对吧？我已经决定了，而且我很肯定运营副总裁也同意我的看法。我需要你和古恩努夫签约，尽快启动、运行他们的系统，4 个星期内必须用上。所以……（沉重的停顿）我们就这么定了？

可怜的杰克逊！他完美展示了未能正确应对内部谈判而引发的后果。罗丝与他见面时，用零和博弈的讨价还价模式武装自己：使用战术性退缩、出言不逊、设定战术期限等技巧。尤其是她炫耀自己拥有卓越的专业技能，展现出更强大的气场。杰克逊几乎没有做过任何事前计划，没有准备好任何数据，就贸然进入了这个谈判过程。罗丝彻底否定他的计划，令他措手不及。他不知道为什么罗丝对古恩努夫有如此强烈的好感。另外，罗丝如此怀疑高性能系统公司，并且如此蔑视自己的判断，令杰克逊感到震惊。他说了什么不该说的话，还是罗丝自己就是个讨厌鬼？

由此可见，内部谈判对买家、其利益相关者及所在组织都有巨大影响。对卖家的客户经理和销售员而言也是如此：未经多方协调制定的销售策略可能会导致做出计划外的让步，比如加快交付速度或加速软件更新，如此一来，势必将与生产或技术人员发生激烈争论。许多人原本职业发展一片光明，却在与某个关键客户的谈判中因一步之差而前途崩塌，付诸东流。

我们已经详细说明了内部谈判面临的挑战和陷阱，现在我将要向大家展示结交盟友的 5 个计划是如何达成对各方都有利的协议的。

计划1：建立融洽关系

商业活动与个人生活一样，如果双方关系密切，那么交易过程就更顺利。与同事建立了融洽关系，人们便是在为将来的业务友好协商做准备，为解决尚未出现的问题做准备。人们在存储友好意愿，以备不时之需，到了需要对方配合的那一天，对方才更有可能做出回报。

如果与他人相处不融洽，甚至与他人毫无联系，人们就需要花时间去修复或建立关系。理想的状况是在与同事做某个艰难的决定，或者需要紧急处理某个问题之前，双方已经彼此了解。找个合适的时间和场所进行谈话，地点选在某个中立地带最好。时间紧迫时，也可以在会议室里一边喝着咖啡、吃着甜甜圈，一边谈话，但是在共进午餐或下班后一起小酌时，人们会更放松。如果需要与他人结成重要同盟，要考虑请他们去吃饭。

谈话一开始，通常不要直切正题，先聊聊家常或者与主题无关的内容。有很多话题可以挖掘出重要信息，比如家庭情况、兴趣爱好、喜爱的电视节目或运动队。但谈论关于政治的话题可能不妥，除非知道两人的政治观点大体一致。不要将彼此看作是沟通业务的信息输出和输入窗口，而要看作与自己兴趣爱好或价值观相近的人。西奥迪尼指出，只需一点点的相互敬佩，就能让两人一起走得很远：

管理者们可以利用人际交往间的相似性与新雇员、其他部门的负责人，甚至新领导建立起联结……重要的是这种联结应当尽早建立，因为随后每一次相遇，人们都会认为对方怀有善意，值得信任。在人们为一个新项目寻求支持时，如果想要说服的人已经有意于自己，那工作就轻松多了。

赞美别人，是另一种激发对方好感的有效方式，既能招人喜欢，又让人卸下防备。有时候，也不需要对方有什么值得特别赞美的地方……实验数据表明，对别人的特点、态度或表现给予积极的评价，可以赢得对方好感，也可以令对方愿意服从自己的意愿。

一旦与他人建立了人际关系的基础，就应该开始了解对方的工作风格。他们是喜欢简明扼要的报告，还是喜欢参与到所有环节？除了双方将要讨论的项目，他们在工作中还面临哪些问题？此时也可以借机向他们解释自己工作中的难处。可以阐明部门目标或者自己的绩效是如何衡量的。这样对方就能理解自己的顾虑，或者理解自己追求突破、不愿"随波逐流"的原因。

总有一天，自己和新结交的好友之间会出现某种分歧，但是，由于双方之间的关系牢固且融洽，两人更容易和解，或找到一个可达成协议的空间，或采用创造价值模式解决分歧。一旦认真地与他人建立联系，双方就开始友好地分享更多信息，比如奈飞电视剧清单，并能建立起一段适应力强的商业伙伴关系。

计划2：早期介入

在进行对外谈判之前，让组织内部的所有利益相关者参与进来，这一点至关重要。如果人们觉得没人征求自己的意见，就出卖了自己的利益，他们可能会破坏交易，假如以后出现了问题，他们也不会努力想办法执行协议："你当时没问过我的意见，现在出了问题才来找我？"

为避免内部对立局面的出现，探询一下利益相关者的态度：这个合同会对你和你们团队产生怎样的影响？因为利益相关者自己对整个交易了解得更多，所以要耐心些，详细陈述具体情况。与此同时，人们也要做好心理准备，对方看待这些情况的角度可能会与自己不同。

在内部谈判中，时机就是一切。在没完成外部交易之前，较早地开始进行内部谈判。如果等到只剩下A或B两个选项，再去问利益相关者："你选哪一个？"那时就已经太迟了。许多协议执行人会要人们将谈判过程往前回溯两三步，然后再描述一遍，然后有些人会说："为什么不能是C选项？"

与利益相关者进行协商，不能只是表面上的行为，他们常常能捕捉到被忽视的东西，从而增加谈判价值。假设公司里正在升级路由器，人们认为自己找到了价格最低、性能最好的供应商。但技术人员扫了一眼草拟的合同，问道："谁来为系统遗留技术提供支持？"这种时候，采购经理与内部执行人合作的做法，就是相当于救自己于水火了。

要想取悦所有人是不可能的，但是如果事先把谈判信息告知他们，而不是事后才去了解他们的想法，结果会大不相同。比较下面两种说法：一种是："好吧，我知道你喜欢A选项而不是B选项，但B选项更合理。没办法，你只能接受它"。另一种是："瞧，我们知道你喜欢A，但是B更合理些。我们这笔交易打算选B，我们还能做些什么来帮你接受这个结果？"第二种说法表达的含义会不一样，本着创造性谈判的精神，接受双方不同意见，试图找到更好的结果。如果协议执行人感受到被尊重，才更愿意为顺利达成交易提供协助，并在下一次协商时继续坦诚表达自己的意见。

另外，还要注意一件事：向别人传达与其意见相左的决定时，如果不能面对面，最好打电话告知对方，发电子邮件的方式往往显得唐突，很多人际关系因此受到损害。

当然，早期介入是种双向的需求。如果他人在即将签约的最后一秒来询问自己的意见，那人们要做的第一件事就是审查整个流程，调查清楚为何自己没有更早地受邀进入讨论。不带偏见地做些事实调查：请跟我说说你们是如何达成这样的协议的。你考虑过其他方案吗？为什么是这个方案？如果对方不愿重新讨论这些问题，提醒他们，自己在签字同意之前有责任彻底了解协议的内容。

在签字之前，争取利用这最后的机会提出有价值的意见，挽回更好的结果。这做起来并不容易。此时协议近乎达成，对方会决意防御、坚守立场。他们不愿意再做让步，特别是在价格方面。人们若提出任何改变的建议，即使对方没有看成是十足的出尔反尔，也会视作令人反感的占小便宜行为。

尽管如此，仍有回旋的余地。此时可以问：我们还有什么机会可看？有没有考虑那些创新想法？这笔交易还有没有达成更广泛交易的可能性？在谈判后期，尽管人们的影响力不大，但聊胜于无。只有我们自己同意，这笔交易才会成功。

试图在最后一刻提出更好方案，可能不会成功。尽管如此，还是值得一试。人们通过提醒同事，自己和部门在谈判过程中可以带来价值，这将为下一场谈判奠定基础。随着时间的推移，同事们会将自己的意见视作一项资产而不是障碍，他们开始想：也许我应该早点来听这个人的意见。

计划3：发现有价值的数据信息

90/10法则在此处也很适用。在内部谈判中，人们最普遍的失误是，未能事先获取足够的信息。如果将90%的时间用于调查利益相关者的需求，而不是他们的愿望，就能省去大量时间和麻烦，还能帮人们摸清对方的期望是否言过其实，也明白自己的期待是否现实。在这一过程中，人们因为思路宽广，关注扩大交易范围的机会，从而能够在同事间赢得信誉。

发现数据信息的基本方法是提问，包括提出所谓的傻问题。精明的内部谈判者除了搞清楚技术问题外，还渴望深入了解利益相关者的思路。如果某个工程师声称需要买一种小零件，指定要某个品牌，而不是别的，或者说"我们必须这样做"，人们不能直接接受他们的话，此时要问：

- 请你解释一下，帮我理解你推荐的这个东西有什么特别之处，好吗？
- 还有什么其他不错的选择？这些为什么不好？
- 签约后如果遇到问题，这家供应商能提供怎样的支持？如果他们未能兑现承诺，会产生什么后果？
- 有没有我们没想到的服务，是这家供应商能提供的？
- 如果我们换个做法，会出现什么问题？

律师们以他们说的那些令人生畏的行话而闻名，此外还有讨价还价时的强硬手段，因为这是他们的谋生之道。人们要想到，律师们在内部谈判时同样不会手软。他们必定拒绝最先让步，并且随意使用"要就拿走，不要拉倒"策略。即使他们有足够的回旋余地，也会不假思索地从拒绝开始。

与律师们打交道时，买家或卖家应该在尊重对方的前提下，坚持立场，不屈不挠，并充分做好准备工作。为了获得法务部门的支持，有效的做法是尊重他们的专业知识、尊重他们有保护公司利益的义务。同时，要巧妙地让他们知道自己才是业务专家。业务为大，对律师而言亦是如此，这样才能提醒他们留意尺度。

在律师面前，人们感情用事只会一事无成。只有以清楚的逻辑谈判，才能有所收获。比如，提交给法务部审阅的一份合同，返回时被标注了很多红线。为了理解法务部门的关注点，对某个无法理解的规则提出疑问，人们可以事先准备好一些问题：

- 为什么你们反对这个条款？这是语言表达的问题还是内容不妥？
- 我不太明白：在这种情况下，要求赔偿的目的是什么？
- "无限责任"是什么意思？为什么我们要强调这一点？在这方面出过什么问题吗？我们有没有可能是过度保护自己了？

如果法务部门一直持否定态度，不要认定双方陷入了僵局。比如律师们的焦点集中在与对方进行联合营销活动，会过度消费公司的声誉。律师们说："我们不做这种事。"不能直接接受这样的话，要一直追根究底：

- 我们有没有破过例？当时是什么情况？
- 鉴于公司的市场需求，我们可以采取怎样不同的方式来处理这个问题？

- 我们能不能灵活些？你认为妥协的空间在哪里？
- 再问一遍：有没有什么其他方法来解决这个问题？

为了推动对方进一步回答，或许可以提出某种修正方案：如果我们这样做会怎么样？即使方案最终未能通过，至少能带动大家进行卓有成效的头脑风暴。这里有一个真实的案例：一位来自财务部的利益相关者，向一位名叫拉克尔的采购负责人施加压力，要求她对供应商进行整合，发出一份招标书，将那些报价高的供应商淘汰。这个做法似乎完全合理，只有一件事大家没有料到，那就是所有颇受青睐的供应商都出局了。拉克尔开始了一次有针对性的探索之旅：我们有没有缓冲计划？我们有最佳替代方案吗？在最坏的情况下，我们有哪些选项？战略性的采购方案中都有一些隐性成本，拉克尔挖掘出这些成本，带领公司设计出一个具有下行保护能力的修正战略方案。

深入地发现有价值的数据信息会消耗大量稀缺的时间资源，但是一旦养成了习惯，即使未能从当前交易中获益，也必将在某一天产生巨大的好处。关于发现有价值的数据信息，还有最后 3 点注意事项：

- 引导利益相关者进行创造性思考，试着这么问他们：如果你可以从头开始这个过程 / 项目，你会怎么做？
- 如果遇到内部阻力，考虑安排一个"魔鬼代言人"。
- 为避免将来出现误会，对所有沟通内容做好同期记录。有时候双方只通了个 30 秒的电话，或在走廊上随意做了交流，如果双方对交流的信息留有不同的印象，就会给自己带来麻烦。而书面记录可能是救命稻草，尤其是当协议执行人离职或换岗后。

计划4：预先提醒

在内部谈判中，预先提醒有两种方式。**第一种方式是，让利益相关者尽早了解在对外会谈中可能出现的状况。** 人们可以在发现数据信息的过程中，很自然地与他们沟通：这是我们打算做的事情，请告诉我这会对你产生什么影响。你有其他想法可以让我们试试的吗？

及时告知进展，是防止出现意想不到的后果，以及防止信任破裂的最佳方法。除此以外，这还有助于避免出现代价高昂的失误。假设只要同意将办公桌的颜色从钴蓝色改作淡绿色，整个工作台的订单就能获得20%的折扣。但卖家没来得及通知营销副总裁，后来副总裁说："我们以前试过那种颜色，根本没人要，那种办公桌开发得太失败了。"出现这种结果就糟糕了！

人们与利益相关者的合作越少，就越需要刻意地提醒对方。当与他人建立起更牢固的工作关系时，工作伙伴自然会让自己掌握更多的控制权。

预先提醒的第二种方式是，针对合同签约后出现问题时的应对机制。 基于供应商的承诺，采购经理向其内部客户做出承诺。如果供应商后来在协议实施过程中百般推诿，采购经理必然让协议执行人失望。同样，当供应商的协议执行团队表现欠佳，签订了协议的客户经理也会失望。最糟糕的状况是，双方可能都未能察觉到任何问题，直至小问题快速发展为全方位爆发的危机。

假设人们签署了一份软件协议。一年后，工程师坚持认为协议中要求的技术规范已经过时。与此同时，供应商无法获得买家承诺过的24/7访问其系统的权限。现在，供应商的运营人员冲着客户经理嚷嚷："我们白白做了太多工作了，我们必须收取更多费用！"如果供应商影响力较大，打算采取边缘策略（brinksmanship）[①]，这时候人们便没有太多选择了，所能做的就是争取稍微好一点点的条款而已。

为了阻止此类灾难性状况的发生，人们要提前告诉内部客户："看，我们达成了一个很好的交易，但有时候计划跟不上变化，如果你发现了任何意外情况，我希望你立即告知我。遇到情况我也会告诉你。"

计划5：谈判！

客观地看，内部谈判与对外谈判相比，应该风险更少、回报更多。但是主观上，组织内部存在的非此即彼的权力斗争，可能破坏内部谈判的进行：要么我们赢得内部利益相关者的全部支持，要么对方击败我们。但如果人们都拥有谈判者思维，双方的分歧可以指引人们找出更具创造性的解决方案，可以一起努力寻找能为所有人都增加价值的协议。

采购经理和客户经理是其组织的谈判专家，需要带头找出各方的不同意见。组织内部的"交易"需要与外部交易一样，进行周密的筹划和准备。在与利益相关者坐下来商谈之前，问问自己：我的影响力在哪里？我的起始锚点是什么？我的退路？我能接受的最低限度是什么？我能要求什么回报？

内部谈判者一开始就处在关系导向模式中，所以可能会提出求同存异，甚至先让步，只是为了能让商谈继续下去，定下一个互惠互利的基调。毕竟，双方和谐的关系，将大大补偿人们做出的让步。

[①] 边缘策略，是指在战争边缘，一方说服另一方屈服的一种战术术语。——译者注

　　然而，这并不意味着为了达成一致意见就要不惜任何代价。如果自己的同事一再无视截止日期，人们也可能使用后果性影响力杠杆，告诉对方："如果本周末之前，你还不同意这些规格要求，我就去找你的领导。"但这是最后的手段，而且很容易产生反作用。发挥积极的影响力才是内部沟通的优选工具。

　　尽管人们尽了最大努力，但仍会有些同事不明白内部谈判的价值，还有一些人会认为和自己人商量毫无意义。尽管如此，人们的使命就是坚持不懈，不断地督促同事提供信息和反馈。不过还有一个方案是，人们也可以选择沮丧地屈从，独自走开，然后产生怨恨情绪。最出色的谈判者都有长远的眼光、宽广的眼界，永远将组织的利益放在第一位。

　　进行创造性谈判并非易事。与尝试扩大交易范围的复杂相比，围绕价格问题展开争论要简单得多。买家的高级管理层可能会开始讨价还价："你不必打全垒打。只要价格稍微好一点，就够了。"卖家领导可能也传达同样的信息："把价格稍微抬高一点，你就完成任务了。"迫于最后期限的压力，谈判者不再讨论更广泛的解决方案。既然大家都希望快点结束，何必要把事情弄得复杂？珀洛和威廉姆斯在《沉默是金？这种态度是否在毁掉你的公司？》一文中指出："如果我们永远保持沉默，短视地认为自己在尽力高效地完成任务，那么我们可能会扼制创造力，阻碍掌握信息和推动准确决策的过程。"未经审慎核实就达成共识，这将是组织面临的一个死亡陷阱。

　　内部协商和对外谈判的过程相互穿插。当谈判者深入地与利益相关者展开创造性谈判时，他们也能获得更多空间谋划对外谈判。当人们确信同事给出的意见很合理时，也会感到有更多的自由去探索更好的方案，达成范围更广的交易。但在与外部人员接触之前，人们需要先征募自己的支持者。

　　现在让我们再回来看看杰克逊与他的新网络经理罗丝的谈判，这次换成一个快乐些的平行空间。早在两人见面之前，杰克逊就不怕麻烦地给一位朋友打了电话，罗丝在上一份工作时，这位朋友曾与她共事。他得知她曾经吃过一个采购员的亏，这个采购员把当时那份合同签给了他的大学室友。罗丝的公司最终为糟糕的供应商服务支付了高额费用。"这可能影响了她的升职机会，"杰克逊的朋友对他说，"从那以后她就变得疑心重重。"为了他的首选投标公司，杰克逊在与其客户经理莱斯莉会面前3个星期，计划先与罗丝联系，邀请她去他最喜欢的意大利餐厅共进午餐。这天是星期五，他们几乎可以把一星期的工作抛到身后了。双方聊了罗丝的两个孩子、杰克逊得了奖的腊肠犬，还发现两人都热爱洛杉矶湖人队和百老汇音乐剧。到他们准备点甜品时，杰克逊开始提正事。

杰克逊：瞧，罗丝，关于我们瘦客户端－服务器的那些投标公司，我很想听听你的想法。我知道你在局域网方面有很多经验，所以你的意见很重要。

罗　丝：谢谢你提起这个……你尝过这里的瑞可塔芝士蛋糕吗？

杰克逊：这种蛋糕特别好吃，你肯定喜欢！现在我们部门倾向于选择高性能系统公司。我们以前与他们合作过，他们业绩记录很好，产品质量高，交付及时，报价也在预算内。他们的服务是一流的，说到做到。我知道如果让他们来做，我们就可以高枕无忧了。不过我们有很多时间做决定，没有你和其他几个核心利益相关者的意见，我不想继续往下谈。

罗　丝：老实说，杰克逊，我对高性能系统公司不是很确定。毫无

　　　　疑问，他们的工作很出色。但我看到这些标书后，我必须
　　　　告诉你，古恩努夫的报价给我留下了深刻的印象，只要
　　　　29.5 万美元！跟他们合作，我们可以节省一大笔钱。

杰克逊：这一点我无法反驳你。如果只看价格，他们确实有优势。

罗　丝：我在想，我们不应该超过 30 万美元。

杰克逊：我对古恩努夫的问题是，他们是否有经验和人才来保证我们
　　　　的网络正常运行。他们对这个领域非常陌生，你比我更清
　　　　楚初创公司的存活率。如何能保证 3 年后当我们需要保修
　　　　服务时，古恩努夫还存在？

罗　丝：这一点你说得对，但我们谈论的是 6.5 万美元的差价，为这
　　　　么多钱我愿意冒点险。

杰克逊：没错，我们确实要考虑风险和回报。前几天，我碰见我们的
　　　　首席工程师，问他一旦网络瘫痪，公司要损失多少钱。你
　　　　知道他说什么？坦率地说，我很吃惊，一天要损失 3.5 万美
　　　　元！如果我们停工两天，差价就没有了，还要多损失一些。
　　　　而且我听说古恩努夫把他们的服务外包了出去……

罗　丝：（用勺子挖了一口芝士蛋糕。）真的吗？这个情况我不知道。
　　　　我过去遇到过外包服务，很不可靠，可能出现责任不清的
　　　　麻烦。

杰克逊：是的，我得承认，我也有点担心这个问题。瞧，罗丝，我
　　　　知道你很重视价格。如果你不介意我问的话，你们部门的
　　　　预算怎么样？我知道你们一般控制得很严。

罗　丝：嗯，既然你问我，上个月我们确实有些意外的人事开支。
　　　　我们的资金有点紧张，直到秋天才能缓解。

杰克逊：我明白了。听着，我有个主意。如果我能从高性能系统公
　　　　司那边争取到延期付款呢？在预算上你有些喘息的空间，

我们就都踏实了。

罗　丝：你知道吗，我觉得我可以接受这笔交易。不过如果你能把价格降到 35 万美元，我会很感激。

杰克逊：我想我们甚至可以拿到更好的价格，你我都知道，他们的标书中有些虚报账目。不过你要答应我一件事，如果我们与高性能系统公司签了约，而他们没有达到你的期望，我想马上知道。不要跟我客气。

罗　丝：（热情地）杰克逊，这可能是一段美好友谊的开始！

杰克逊是如何引导罗丝支持自己的观点的？我们来复盘一下。他很早就去咨询她的意见，那时候两人都没有很大的压力，可以按自己的意愿行事。他在一个放松的环境中，用与工作无关的闲聊营造起轻松的氛围。他恭敬地认可罗丝的专业知识。他在见面前和见面时都深思熟虑地思考问题并提问，以便更好地了解她的需求。他提出了量化的价值主张，攻克了她的保留意见。最后，为保险起见，他给了罗丝一个直接的预先提醒。与罗丝意见相左，杰克逊既没有回避，也没有强迫对方接受自己的观点，而是利用创造性解决冲突的办法提出对大家都有利的卓越的解决方案。

人际关系的建立依赖于人们的同理心，不是虚情假意的方式，而是实实在在地投入。如果人们知道如何吸引别人的兴趣，就能凭借人类共有的情感与他们相处。一旦人们表现出对他们的关心，不管什么事，让他们说"是"就容易多了。相互信任是一种强大的力量。

当服务员拿来账单时，杰克逊抢着付钱，但罗丝坚持要平摊。她已经开始从内部客户转变成为内部的合作伙伴了，而合作伙伴是每一位创造性谈判者都需要的战略盟友。

Creative
Conflict

创造性谈判指南

- 在内部谈判中，人际关系始终最重要，不要轻易怀疑对方。

- 同事的认同对于获得谈判的成功至关重要，可以在谈判前与利益相关者建立融洽的关系。

- 收集内部数据信息，弄清利益相关者的需求，可以帮助你发现容易被忽略的重要因素。

- 绝不要草率地开始内部谈判，要像准备对外谈判一样充分筹划，确定影响力杠杆，设置起始锚点、退路以及离场节点。

积极应对冲突，成为价值的创造者

亚里士多德有一句名言："我们每天反复做的事情造就了我们。优秀不是一种行为，而是一种习惯。"

尽管在本书中，我们已经尽力分享了关于培养谈判者思维方式的一些准则，但在付诸行动时，他人无法代劳。只有通过实践，人们才能学会如何利用自己的力量，找出双方的共同利益，策划出更全面的协议。若想理解并克服那些阻止我们前进的主观障碍，这并非一时之功，重塑人的思维方式也不是朝夕之事。

如果你打算实践创造性谈判的理论，建议先从一个风险较低的场合开始，比如到跳蚤市场淘货，或者去电器商店逛街。如果你内心强大，可以与孩子谈谈家庭作业。如果你能通过这一严峻考验，那么在商业世界里也没有什么能难倒你。心理学家根据掌握能力的不同层次提出了"能力的 4个阶段"：

- 无意识的无能，你不知道自己不知道。
- 有意识的无能，你知道自己不知道。
- 有意识的有能，你知道自己在做什么，但需要集中精力去做。
- 无意识的有能，你的技能根深蒂固，已成为你的第二天性。

当人们在练习创造性谈判的技巧，并且让这些技巧成为自己无意识系统的一部分时，就会在不知不觉中变得更有能力，并能更快地发现对双方都有价值的解决方案。当人们不断地积极应对冲突，获得更多积极的结果时，便能建立自信去应对高压环境，会本能地知道该做什么，那时他们不仅拥有谈判者的思维，而且自己本身就是个谈判者。为加速人们成功的步伐，我们最后提供一份建议汇总：

- 留出时间做计划。你的观念越强大，就越能自由地即兴发挥，不会忘记你的目标。
- 作为规划过程的一部分，考虑清楚你处在创造性谈判的哪个位置，然后制定相应的战略战术。
- 激活你的谈判者心智模型，把目标定得高一点，自信前行。
- 即使是在一个轻松、休闲的环境中，一旦需要与人商谈，便要认清状况，不要盲目地进入谈判。
- 始终准备要求对方让步。此外，要明白自己要求对方让步的原因。
- 差异是增加价值的源泉。我们可以辩论，但不树敌。
- 尽量控制住冲突可能引发的情绪：愤怒、恐惧、焦虑。
- 谈判时拓宽思路，在交易中寻找更大的可能性。
- 在激烈的竞争中，保持头脑清醒，三思而后行。
- 以更灵活、非程式化的方式思考。
- 在工作过程中要有耐心，而不是急于完工和交差。

- 注意平衡，避免走极端。
- 尽管人们很容易固守一方利益，但这个态度限制了交易可能带来的好处。创造性谈判者不仅从自己的角度看问题，也从对方的角度看问题。

未来，属于终身学习者

我们正在亲历前所未有的变革——互联网改变了信息传递的方式，指数级技术快速发展并颠覆商业世界，人工智能正在侵占越来越多的人类领地。

面对这些变化，我们需要问自己：未来需要什么样的人才？

答案是，成为终身学习者。终身学习意味着永不停歇地追求全面的知识结构、强大的逻辑思考能力和敏锐的感知力。这是一种能够在不断变化中随时重建、更新认知体系的能力。阅读，无疑是帮助我们提高这种能力的最佳途径。

在充满不确定性的时代，答案并不总是简单地出现在书本之中。"读万卷书"不仅要亲自阅读、广泛阅读，也需要我们深入探索好书的内部世界，让知识不再局限于书本之中。

湛庐阅读 App: 与最聪明的人共同进化

我们现在推出全新的湛庐阅读 App，它将成为您在书本之外，践行终身学习的场所。

- 不用考虑"读什么"。这里汇集了湛庐所有纸质书、电子书、有声书和各种阅读服务。
- 可以学习"怎么读"。我们提供包括课程、精读班和讲书在内的全方位阅读解决方案。
- 谁来领读？您能最先了解到作者、译者、专家等大咖的前沿洞见，他们是高质量思想的源泉。
- 与谁共读？您将加入优秀的读者和终身学习者的行列，他们对阅读和学习具有持久的热情和源源不断的动力。

在湛庐阅读 App 首页，编辑为您精选了经典书目和优质音视频内容，每天早、中、晚更新，满足您不间断的阅读需求。

【特别专题】【主题书单】【人物特写】等原创专栏，提供专业、深度的解读和选书参考，回应社会议题，是您了解湛庐近千位重要作者思想的独家渠道。

在每本图书的详情页，您将通过深度导读栏目【专家视点】【深度访谈】和【书评】读懂、读透一本好书。

通过这个不设限的学习平台，您在任何时间、任何地点都能获得有价值的思想，并通过阅读实现终身学习。我们邀您共建一个与最聪明的人共同进化的社区，使其成为先进思想交汇的聚集地，这正是我们的使命和价值所在。

CHEERS

湛庐阅读 App
使用指南

读什么

· 纸质书
· 电子书
· 有声书

怎么读

· 课程
· 精读班
· 讲书
· 测一测
· 参考文献
· 图片资料

与谁共读

· 主题书单
· 特别专题
· 人物特写
· 日更专栏
· 编辑推荐

谁来领读

· 专家视点
· 深度访谈
· 书评
· 精彩视频

HERE COMES EVERYBODY

下载湛庐阅读 App
一站获取阅读服务

图书在版编目（CIP）数据

重新认识谈判 /（美）比尔·桑德斯
(Bill Sanders),（美）弗兰克·莫布斯（Frank Mobus)
著；马艳译 . -- 杭州：浙江教育出版社，2024. 9.
ISBN 978-7-5722-8790-9

Ⅰ. F715.4

中国国家版本馆 CIP 数据核字第 2024NP5160 号

浙 江 省 版 权 局
著作权合同登记号
图字：11-2022-243号

上架指导：沟通 / 商务谈判

重新认识谈判
CHONGXIN RENSHI TANPAN

［美］比尔·桑德斯（Bill Sanders）　弗兰克·莫布斯（Frank Mobus）　著

马艳　译

责任编辑：操婷婷

美术编辑：韩　波

责任校对：王晨儿

责任印务：陈　沁

封面设计：湛庐文化

出版发行：浙江教育出版社（杭州市环城北路 177 号）

印　　刷：天津中印联印务有限公司

开　　本：720mm ×965mm 1/16

插　　页：1

印　　张：19

字　　数：233 千字

版　　次：2024 年 9 月第 1 版

印　　次：2024 年 9 月第 1 次印刷

书　　号：ISBN 978-7-5722-8790-9

定　　价：109.90 元

如发现印装质量问题，影响阅读，请致电 010-56676359 联系调换。